D1326095

Hayat Mirza, Ph. D.

Apprenons à apprendre

L'automatisation et ses effets

RETIRE DE LA COLLECTION
DE LA
BIBLIOTHÈQUE DE LA VILLE DE MONTRÉAL

BIBLIOTHÈQUE
LIBRARY

Lorimier

VILLE DE MONTRÉAL

Éditions Paulines & A.D.É.

Maquette de la couverture : Jean-Denis Fleury

ISBN 0-88840-561-8

1034755

Dépôt légal — 1er trimestre 1976
Bibliothèque nationale du Québec
Bibliothèque nationale du Canada

© 1976 Editions Paulines, 3965 est, boul. Henri-Bourassa, Montréal,
H1H 1L1, P. Q. (Canada).

Apostolat des Editions, 46-48, rue du Four, Paris VIe.

Tous droits de reproduction, de traduction et d'adaptation réservés.

Position du problème

A une époque où tout est remis en question, la pédagogie s'interroge sur ses moyens d'action. Déscolariser la société ? Institutionnaliser d'autres réseaux de communication ? Renouveler l'enseignement ? ... Ce dernier item ayant attiré notre attention, nous avons jugé intéressant de l'attaquer, non de front (vu sa complexité), mais par le biais de l'apprentissage scolaire et plus particulièrement à partir d'une analyse du rôle de l'automatisation précoce.

L'enseignement traditionnel est démodé, dit on. Pourquoi ? La créativité est de rigueur, de nos jours... comment en faire l'apprentissage ? Y a-t-il effectivement une différence entre une notion acquise automatiquement et une notion élaborée par l'étudiant lui-même ? Si oui, laquelle ? Pour y répondre, nous avons procédé à l'analyse et à l'expérimentation de quatre méthodes d'enseignement faisant plus ou moins appel à l'automatisation précoce. L'étude comparative des résultats alors obtenus nous a permis :

— de vérifier laquelle de ces méthodes est la plus valable ;
— d'établir les critères qui la valorisent ;
— de déterminer les conditions pédagogiqes à respecter ;
— de conclure sur le rôle de l'automatisation précoce (et de l'enseignement) en situation d'apprentissage scolaire.

Partant de l'hypothèse suivante : *quels que soient l'âge de l'élève et la matière à apprendre (ou à enseigner),*

5

l'automatisation précoce entrave l'acquisition du savoir et perturbe le développement psychique, nous l'avons soumise à la vérification objective et factuelle. L'étude (théorique et expérimentale) a abouti à la conclusion générale (qui confirme l'hypothèse de travail) : pour apprendre, il faut d'abord faire son expérience propre et comprendre.

L'enseignement devient donc une sorte d'organisation des situations d'apprentissage en vue d'une adaptation permanente active et consciente. L'apprentissage devient alors le témoignage de la présence personnelle et de la réponse propre du sujet à son environnement physico-social. Ce serait un processus double d'adaptation (initiation et actualisation) et d'innovation (initiative et engagement).

L'enseignement aujourd'hui

FORMER UNE PERSONNE HUMAINE
OU UN ROBOT HUMAIN ?

> *La nouvelle interdépendance élec-
> tronique recrée le monde à l'image
> d'un village global.*
>
> Marshall McLuhan

Le rôle de l'automatisation est bien controversé de nos jours, et nombreux sont les psychologues qui la rejettent comme moyen d'acquisition de la connaissance, alors que d'autres la considèrent comme le moyen le plus sûr pour un apprentissage efficace.

De plus, bon nombre d'éducateurs s'accordent pour affirmer que ce qui n'est pas assimilé par l'enfant n'est pas retenu de façon durable. Par contre, certains s'empressent de donner à leurs élèves des « trucs » pour mieux retenir les différentes matières scolaires. Ils trouvent leur justification dans une « pseudo-surcharge » des programmes et le court laps de temps mis à leur disposition pour tout enseigner.

Ont-il raison ? ou tort ? Est-il possible qu'une automatisation sans assimilation ne soit pas un vrai apprentissage ? Pourquoi ?... Autant de questions sur l'utilité des automatismes précocement accquis en cours d'apprentissage, et sur l'éventualité d'une influence néfaste sur le plan de la compréhension. Nous vivons à une époque où la technicité et l'automation l'emportent, et ne laissent pas — en conséquence — un temps suffisant pour se reprendre !

L'éducation étant un reflet de la société, les grands bouleversements que le monde actuel est en train de vivre ont d'importantes répercussions sur elle. A une allure vertigineuse, les connaissances se multiplient et se diversifient : l'acquis devient provisoire et sujet à modifications continues. L'homme ne se contente plus de conquérir l'espace, il cherche à modifier sa propre « réalité », après avoir bouleversé son existence : il réclame, en conséquence, d'autres systèmes éducatifs. Dans cette perspective dynamique, l'éducation devient une recherche d'équilibre entre les potentialités individuelles et les exigences sociales : « l'unité n'est plus l'individu, mais le groupe »...[1] Comment préparer alors l'enfant à son statut d'élément actif au sein d'un ensemble structuré ? En lui donnant un enseignement magistral ? La solution est inadéquate, car l'écolier reste passif alors que la société change, les sciences se développent et l'industrie se transforme.

Dès sa naissance, l'être humain est influencé par les conditions de vie de son environnement socio-culturel (familial, scolaire, professionnel et de loisir). Aussi est-il important d'en connaître les composantes et leurs interrelations, d'en préciser les caractéristiques et les effets, d'en dégager les exigences et les disponibilités.

Or la mobilité du siècle accuse présentement une accélération telle de son rythme, que tout, même la connaissance, devient provisoire et éphémère. Par ailleurs, la promotion actuelle du rationnel nécessite un esprit créatif et d'initiative ainsi qu'un apprentissage culturel et critique. L'homme doit donc se préparer à une action consciente et à une adaptation continue. Sa formation

1. MAJAULT, J. La révolution de l'enseignement, Editions Robert Laffont, Paris 1967, p. 28.

doit viser une adaptabilité au changement et une capacité d'innovation culturelle. Or, ce n'est pas la mémorisation qui réaliserait, à elle seule, ces objectifs généraux que toute société industriellement avancée confie à son système scolaire,

si l'entreprise industriellement avancée suppose une accumulation de capitaux et introduit de nos jours un mode particulier de division du travail,

si cette division technologique du travail nécessite, dans les divers domaines de l'économie, une redivision adéquate des tâches spécifiques,

si cette nouvelle distribution des fonctions réclame la spécialisation et entraîne la multiplication des activités tertiaires,

si la bureaucratisation caractérise la société technologique : organisation rationnelle du travail en vue de la production d'un même bien (ou d'un même service) doublée d'une hiérarchisation de juridictions des responsabilités,

si la technostructure elle-même favorise l'envahissement du marché par l'automation,

si le progrès technologique entraîne la réduction du temps de travail, l'organisation des loisirs et l'éducation permanente,

si l'augmentation de la production et la consommation de masse occasionnent l'élévation du standard de vie et du niveau culturel général de la population,

si les moyens de communication de masse jouent actuellement un rôle primordial, et si leur rentabilité dépend du taux de publicité qu'ils utilisent,

si la société d'aujourd'hui (et surtout de demain) est une « société bureaucratique de consommation dirigée »,

alors faudra-t-il assurer à la population un niveau d'instruction élevé et une éducation appropriée.

Si, par ailleurs, la collectivité économique supervise et oriente la vie sociale, si les sommes, dépensées pour fins éducatives **par la** collectivité politique, sont considérées comme des investissements à moyen et à long terme,

si la connaissance devient un élément déterminant de la hiérarchisation sociale,

si l'instruction conditionne le progrès d'une société, à travers toutes ses activités,

si l'homme postindustriel occupe des fonctions de réflexion, de création et d'initiative,

alors, devrait-on s'attendre à une modification de la fonction enseignante.

L'éducation est un système de communication de la réalité humaine, sociale et matérielle, et la pédagogie est la science de cette éducation. Elle se préoccupe d'organiser les coordonnées de ce système informationnel à triple volet. Il s'ensuit que l'action pédagogique, fondée sur le savoir pédagogique, est une « commune-action » en vue de l'épanouissement personnel, de l'intégration sociale et du progrès matériel.

La matière (ou discipline scolaire) joue donc, à l'intérieur d'un cours, un rôle de catalyseur pour:

— centrer d'une part, l'activité de transmission et de diffusion culturelles de l'éduquant ;
— déclencher, d'autre part, l'activité d'actualisation et d'adaptation personnelles du s'éduquant.

Ainsi, si l'éducation est l'occasion, pour l'être humain, de réaliser son « projet » existentiel ; alors l'action pédagogique serait l'occasion, organisée par l'enseignant, pour permettre à l'étudiant de faire son expérience de vie personnelle et de relations interpersonnelles. Si l'éducation est un processus de vie, l'action pédagogique en serait la limitation dans les cadres du système scolaire.

Malheureusement, tel n'est pas le cas dans nos écoles. L'école primaire et la maternelle mises à part, les institutions scolaires deviennent de nos jours d'importantes entreprises au sein desquelles une imposante somme de connaissances doit être consommée à tout prix. Ce qui réduit l'action pédagogique à une simple action de transmission des données scientifiques et techniques de la réalité matérielle. La réalité humaine et sociale en tant que telle est réduite à son minimum. A savoir une salle de cours surpeuplée d'étudiants qui fonctionnent, occasionnellement, à leur rythme d'apprentissage et sont étiquetés en conséquence.

Il est vrai que l'action est commune, extérieurement partagée entre l'enseignant et l'étudiant ; mais son processus est plutôt réceptif ; sa portée unilatérale, et sa finalité, une acquisition (même provisoire) de connaissances en vue d'un diplôme et de l'exercice d'un métier.

La matière scolaire n'est point un moyen ou même un instrument favorisant le développement des structures cognitives. Elle n'est même pas un centre d'intérêt pour établir les relations interpersonnelles ou susciter le travail d'équipes. Elle devient de plus en plus une fin en soi et un critère de qualification sociale.

Ainsi, concrètement et pratiquement vérifiée, l'action pédagogique n'est guère un « moment » du processus éducatif. Elle en est plutôt une réduction, une restriction. L'étudiant n'y est pas un s'éduquant et l'enseignant est loin d'y être un éduquant, même pas un éducateur.

Donc, non seulement l'action éducative à l'école est réduite à l'enseignement, mais celui-ci est réduit à la transmission du savoir. La durée de cette transmission est longue ; le contenu du savoir très diversifié ; mais la qualité de l'acquisition et la portée de l'acquis laissent à désirer.

Toutefois, l'action pédagogique est supposée :

— établir, d'abord, la communication entre le maître adulte et le jeune étudiant ;
— intégrer et canaliser les diverses influences du milieu physico-social ;

- favoriser ensuite l'apprentissage culturel du s'éduquant par le biais de son apprentissage scolaire ;
- orienter ainsi sa formation et son développement individuels ;
- stimuler enfin son action sociale et sa réponse originale à l'environnement.

Aussi, avant de l'entreprendre, faut-il :

- déterminer ses conditions et facteurs de réalisation,
- explorer le milieu dans les cadres duquel elle va s'exercer,
- exploiter les contraintes auxquelles elle ne peut échapper,
- connaître le sujet auquel elle va s'adresser,
- préciser les modalités et étapes qu'elle va nécessiter,
- prévoir les effets et conséquences qu'elle va entraîner,
- appréhender et justifier le but qu'elle va atteindre.

Est-ce pratiquement le cas de nos écoles ? Non, car on y observe :

- une quasi absence de dialogue entre l'enseignant et ses étudiants ;
- un milieu scolaire en vase clos, fermé à tout apport extérieur ;
- une formation académique plus encyclopédique que polyvalente, doublée d'une spécialisation précoce et à outrance,
- une certaine dépersonnalisation, une sorte d'anonymat, résultant de la taille du groupe et de sa mobilité (relative aux options),

— un manque d'initiative et de participation à la « vie » scolaire.

Craintive et méfiante face aux transformations socio-technologiques, l'Institution scolaire (tous ses niveaux) se réfugie encore derrière son dogmatisme et s'empêtre de plus en plus dans les filets de son administration bureaucratique. Chargée de la transmission et de la diffusion culturelles, elle se sent menacée par les tentatives novatrices. Elle se sécurise alors et se justifie en se référant à ses expériences passées. Elle résiste au progrès auquel elle est appelée à contribuer ; et son inquiétude s'accroît.

Utilisant les services de cadres spécialisés, faisant appel à une technologie des plus perfectionnées, représentée par une architecture des plus coûteuses et des plus confortables, elle ferme néanmoins toutes ses portes au renouvellement en profondeur. Elle s'obstine à ne pas goûter aux fruits de la réflexion mûrie de ses théoriciens.

L'école d'aujourd'hui continue à fonctionner comme celle d'autrefois. Cependant, ses dimensions ont grandi ; ses structures ont changé ; ses mécanismes se sont transformés ; ses rouages se sont modernisés ; son rythme même s'est accéléré. Son rôle reste toujours identique et sa fonction, routinière. L'école est encore cette institution sociale à qui l'on confie la lourde tâche de transmettre aux jeunes l'idéologie culturelle de leur peuple. De menacée par l'environnement, elle devient menaçante pour l'étudiant. Elle lui impose son autorité impérative, ses valeurs éternelles et son enseignement obligatoire : d'instituée, elle devient instituante.

Inquiète à l'égard de l'inconnu des mutations sociales, l'école contemporaine se transforme en un environnement inquiétant, quasi pollué et en désaccord avec la réalité de tous les jours. Est-elle encore le reflet de la société ? Que vise-t-elle au juste ? Fait-elle encore partie intégrante de la société ? A quel titre ? Devenue polyvalente, l'école favorise l'enseignement individualisé, l'audio-tutoriat et l'autodidaxie. Mais la fonction enseignante elle-même se trouve encadrée par quatre nouvelles dimensions du contexte socioculturel :

— le nombre :
> la démocratisation de l'enseignement (gratuité scolaire et prolongation de la scolarité obligatoire) a provoqué une explosion démographique, un accroissement important de la population estudiantine. Comment alors enseigner ? Comment privilégier une pédagogie de la diversité ?

— la qualité :
> l'enseignement de masse a entraîné des modifications administratives et bureaucratiques, une restructuration des cadres scolaires.
> Mais a-t-on réalisé une réforme pédagogique ? A-t-on personnalisé l'enseignement ?

— le rythme :
> l'évolution accélérée et la mobilité du siècle nécessitent une adaptation constante au changement. Aussi, l'enseignant doit-il fréquemment se recycler et opter pour l'éducation permanente et le travail de groupe (coordinations horizontale et verticale avec ses collègues). L'enseignement affronte-t-il la « permanence du changement » ? L'acte d'enseigner se modifie-t-il en conséquence ?

— les mass media :
> les informations multiples provenant de divers canaux de communication sollicitent l'attention de manière persistante (dans sa fréquence), et variée (dans son contenu). Comment dégager alors du message, les valeurs culturelles véhiculées ? Comment « conscientiser » les esprits ?

En somme l'enseignant d'aujourd'hui et surtout de demain est supposé être un « s'éduquant-éduquant ». Il transmet et innove des valeurs culturelles dans les cadres de normes d'action collectives mais reformulées par lui, à travers les situations nouvelles d'un rôle modifié, à l'intérieur d'une société où les collectivités sont en constantes interactions et les membres en permanente adaptation. Aussi peut-il se permettre, dans sa classe :

— de mettre l'accent sur l'activité cognitive, source de réflexion, de découverte et d'expériences propres à réaliser ;

— d'organiser des situations d'apprentissage qui permettent aux étudiants de prendre conscience de leurs besoins, de se fixer des objectifs et de déterminer les moyens à prendre ;

— de favoriser des apprentissages significatifs pour faciliter l'éclosion de la personnalité de ses étudiants ;

— de provoquer l'affirmation et le développement de leur personne dans l'expérience quotidienne et l'intégration de la connaissance et de l'action ;

— de mettre l'accent sur les modalités et processus d'apprentissage plus que sur le contenu lui-même ;

— d'intégrer l'apprentissage scolaire cognitif aux autres apprentissages culturels (émotif, esthétique, éthique), en vue de permettre l'intégration harmonieuse de tous les éléments d'une personne ;

— de compter sur l'initiative et les facultés créatrices de ses étudiants pour les amener à explorer, découvrir, innover et acquérir l'autonomie sociale ;

— de faire lui-même preuve d'initiative et de créativité, de se soucier de son propre épanouissement pour que ses étudiants, épanouis et créateurs, puissent travailler ensemble dans un climat d'authenticité.

Dans une société post-industrielle, l'acte d'enseigner suppose donc à la fois l'adaptation et l'innovation. Ces deux processus complémentaires constituent sa motivation et sa finalité. Ils impliquent, en conséquence, un apprentissage à la responsabilité et à la créativité. Ils favorisent, par le fait même, l'épanouissement personnel, l'adaptabilité, la promotion de la connaissance novatrice et le développement culturel... Est-ce le cas dans nos écoles ? Quel rôle joue présentement l'enseignant ? Quelles activités déploie actuellement l'étudiant ?

La société conditionne l'homme... et son éducation, affirme Herbert Marcuse [2]. Ceci est vrai, puisque l'homme est essentiellement un être social, mais un être capable d'adaptation permanente. Comment apprendre à l'enfant Il faut, selon l'expression de Gaston Berger, « s'installer sans cesse selon une tradition surannée ? Marcuse ajoute que la société actuelle étant répressive, l'éducation qu'elle dispense l'est en conséquence ! Elle réduit l'homme à une seule dimension, la dimension rationnelle : tout ce qu'il y a de subconscient ou d'inconscient dans son être lui échappe ! Pourtant l'homme n'est pas un robot programmé pour répondre automatiquement, et de la même façon, aux sollicitations incessantes dont il est l'objet. Il jouit de plusieurs facultés permettant de nouvelles réponses, de nouvelles adaptations. Comment l'éducation pourrait-elle favoriser chez les jeunes l'épanouissement de ce potentiel vital ? En en faisant des « abîmes de sciences ? » Ces sciences évoluent !

L'homme de demain sera ce qu'on le fait aujourd'hui. Aussi la pédagogie devrait-elle — tout en construisant l'avenir à la lumière des contingences du présent — établir ses objectifs et préciser sa technique d'action en tenant compte de cet avenir même. Elle ne peut plus considérer la réalité sous une optique statique. En partant du « hic et nunc », elle doit permettre à l'enfant de vivre sa vie présente d'enfant, et le préparer surtout à sa vie d'adulte, dans un monde qui ne sera plus le même qu'aujourd'hui. Elle doit donc se lancer dans une « adaptation permanente des enseignements aux besoins d'un

---

2. MARCUSE, H. *L'homme unidimensionnel*, Editions de Minuit, Paris 1968, p. 29 et suite.

monde en évolution accélérée »[3]. Elle doit prévenir le choc du futur tout en répondant aux sollicitations du présent.

« Pour affronter cette mobilité il faut s'élever au-dessus de ce qui est contingent et rechercher les permanences fondamentales des structures adaptables »[4]. Il faut, selon l'expression de Gaston Berger « s'installer dans la mobilité », non pas avoir les yeux fixés sur le système scolaire de notre jeunesse, mais sur ce qu'il sera dans un proche avenir. Ce qui revient à dire que la préoccupation de l'école d'aujourd'hui doit être moins une transmission rigidement structurée de connaissances multiples, que l'épanouissement des « facultés de connaître » : l'école doit apprendre à l'enfant à apprendre, avant (et en même temps) de lui apprendre telle ou telle connaissance !

Malheureusement, malgré les réformes scolaires et les innovations des pionniers de l'école active, l'élève reste encore passif dans son apprentissage. L'érudition — basée sur le perfectionnement de la mémoire par la répétition mécanique d'automatismes bien réglés une fois pour toutes — primait dans l'enseignement dit traditionnel qui répondait aux exigences du monde stable d'autrefois. Elle n'est plus aussi satisfaisante dans ce monde de remaniements et de regroupements d'aujourd'hui où l'important devient moins d'accumuler des connaissances que d'avoir un esprit d'initiative, ouvert et créateur, compétent et dynamique.

Nous avons donc jugé intéressant d'approfondir psychopédagogiquement la question en la limitant à une étude précise des effets du conditionnement sur l'acquisition de la connaissance. Nous nous sommes attardés alors sur l'enseignement magistral qui « dresse » l'enfant

---

3. CAPELLE, J. *L'école de demain reste à faire*, Editions des Presses Universitaires de France, Paris 1966, p. 43.
4. CAPELLE, J. *L'école de demain reste à faire*, Editions des Presses Universitaires de France, Paris 1966, p. 44.

plus qu'il ne lui permet « d'apprendre », (ces deux termes sont volontairement mis entre guillemets, ils seront précisés ultérieurement [cf. partie théorique, ch. III]) et nous nous sommes posé la question, à savoir *s'il est vraiment économique de faire appel à un apprentissage conditionnant pour permettre à l'enfant de s'épanouir, d'acquérir son autonomie et de se socialiser.*

Introduction

> *La vérité apparaît comme le fruit d'une enquête et d'une conquête que chacun doit mener à bien pour son propre compte.*
>
> Georges Gusdorf

Si le XXe siècle est le siècle de la technologie, il est aussi le siècle de l'enfant. En effet, depuis plus de cinquante ans, nous assistons à un élargissement, d'une ampleur toujours croissante, du mouvement en faveur d'une connaissance plus scientifique de l'enfant et de l'adolescent et subséquemment d'une amélioration des techniques éducatives. L'évolution de la pédagogie, sur les plans théorique et pratique, est un fait indéniable. Il nous suffit de jeter un regard attentif sur l'important héritage véhiculé par les siècles, et de nous attarder sur les remaniements qu'elle subit, dans son contenu aussi bien que dans sa forme. Toutefois, elle doit faire face à de nombreux problèmes, car le développement continu des sciences et techniques et le tronc inévitable de « culture générale » ont entraîné une surcharge des programmes scolaires ; alors que la démocratisation de l'enseignement et la prolongation de la scolarité obligatoire ont entraîné une surcharge des effectifs des écoles.

Nous ne prétendons pas présenter un traité de méthodologie pédagogique, ni donner des solutions définitives aux problèmes d'ordre didactique que nous envisageons. Notre contribution, dans ce vaste domaine, consiste à :

— présenter quelques méthodes d'enseignement ;
— les expérimenter et analyser comparativement leurs résultats ;
— vérifier laquelle est la plus valable ;
— déceler les conditions qui la valorisent ;
— établir des critères didactiques selon l'âge des élèves.

Cette étude comportera deux parties : une théorique (pour exposer les fondements des didactiques utilisées) et une expérimentale (pour vérifier l'effet de ces diverses méthodes sur l'acquisition des connaissances). Nous présenterons également dans la première partie un bref aperçu épistémologico-génétique justifiant le choix et l'adoption de notre hypothèse de travail. Après quoi nous introduirons le problème de l'automatisation tel que nous le concevons, tout en rappelant les principales réflexions émises à son sujet. Le problème de fixation des automatismes étant posé, nous proposerons ensuite quelques solutions (ou suggestions) que l'expérience confirmera ou non. Par ailleurs, la partie expérimentale nous permettra de connaître, à travers les réponses des enfants, les variétés de compréhension et les différents types d'erreurs possibles. L'analyse des causes et motifs nous aidera à établir un certain nombre d'étapes par lesquelles passent généralement les enfants avant de comprendre une notion. L'acquis étant largement tributaire de la méthode d'enseignement, nous centrons notre travail sur une étude comparative qui, pour être plus concluante, se fait à deux niveaux du développement intellectuel, soit aux stades des opérations concrètes et formelles.

A titre d'illustration didactique, nous avons choisi les mathématiques car cette matière se trouve être encore la « bête noire » des élèves et des professeurs. Nous en rencontrons beaucoup qui nous disent : « A quoi servent les mathématiques ? C'est un ensemble de théorèmes et de formules qu'il faut apprendre par cœur, sans rien comprendre, avant d'avoir fait un tas d'exercices ; et encore ! Qu'en restera-t-il après ? ... »

L'avènement des mathématiques modernes ne semble pas avoir modifié cette opinion et ce préjugé. Nous espérons quand même que notre travail contribuera à révéler tout autant la beauté que l'utilité des mathématiques dans la vie pratique de tous les jours.

Si bon nombre d'éducateurs croient encore qu'il suffit de « retenir » les « démonstrations » mathématiques pour savoir résoudre les problèmes, ils font faillite à leur tâche qui est de préparer les enfants à s'adapter aux nouvelles situations et à résoudre personnellement les problèmes qui y font obstacle. Et si la majorité des élèves n'aiment pas les mathématiques, ce n'est pas seulement à cause d'une abstraction intrinsèque dont cette matière est tributaire, c'est surtout parce qu'elle est mal enseignée.

Ainsi, notre expérimentation, tout en testant l'hypothèse, favorise l'analyse des réussites et échecs en cours d'apprentissage. Ceci dans le but de suggérer une didactique nouvelle, dite opératoire, qui permet à l'enfant d'apprendre à apprendre et surtout de vivre activement et pleinement tout en s'adaptant à la « mobilité », caractéristique principale de son époque ! ...

L'éducation se propose d'adapter l'enfant à son milieu social tout en le conduisant vers son autonomie. Elle se présente d'emblée comme une œuvre d'ensemble dont la responsabilité incombe à la fois à la famille et à la société, mais qui repose essentiellement sur l'enfant, propre agent de son éducation. Laissé à lui-même, l'enfant ne peut pas survivre ! C'est son contact avec les autres qui contribue à son développement. Cela suppose, en conséquence, une intervention éducatrice pour lui « apprendre » à penser, à s'exprimer et à communiquer. Il est évident que chacun naît avec un potentiel donné, mais le rôle de l'éducation sera de lui permettre de donner tout son rendement. Or l'évolution des sciences, sur tous les plans de la connaissance, a permis d'étendre encore plus ces possibilités en favorisant une meilleure compréhension de l'enfant et une connaissance plus adéquate des différentes phases de son évolution. C'est pourquoi les pionniers de la pédagogie nouvelle ont centré l'école sur l'enfant et son activité, non plus sur le maître et les programmes. Il devient dès lors primordial de donner à l'enfant le goût et les moyens de se cultiver et de continuer son éducation tout au long de sa vie.

Qu'est-ce que l'enseignement aujourd'hui ? Est-il encore monopolisé par les enseignants ? Reste-t-il une action unilatérale de transmission des connaissances ? L'enseignement est une rencontre (de deux ou plusieurs personnes), dans les cadres d'une salle de cours, pour apprendre à être, connaître et agir.

L'enseignement est un dialogue (de deux ou plusieurs esprits), dans les limites d'une matière scolaire, pour apprendre à s'affirmer, à produire et à aimer.

L'enseignement est une communication de la réalité humaine, compte tenu des conditions socioculturelles.

C'est une « commune action » pour apprendre le « métier d'homme ». Grâce à elle l'étudiant-s'éduquant :

— se cherche, se découvre et se connaît ;
— s'identifie, se situe et échange ;
— s'ouvre, se dégage et s'engage ;
— connaît, transcende et conquiert ;
— se détache de lui-même, s'ouvre à l'univers et communie.

La liste pourrait s'allonger indéfiniment dans le sens d'une meilleure connaissance, pour une meilleure action, en vue d'un mieux-être ; dans le sens d'une pensée consciente, éclairant une activité libre et enrichissant le dynamisme vital.

En effet, partant de l'expérience propre, les acquisitions nouvelles s'intègrent au potentiel existant, améliorent l'être et favorisent son développement. Il s'ensuit que, grâce à l'expérience actualisante du sujet dans son environnement, l'acquis ne s'ajoute pas uniquement au contenu de ses structures présentes pour en « augmenter l'avoir », mais s'intègre également à leur forme pour en « enrichir l'être ».

Apprendre, c'est donc changer. Apprendre, c'est désirer, agir et acquérir. *Apprendre, c'est devenir ce qu'on est.* Apprendre (apprehendere), c'est également comprendre (comprehendere). C'est donc prendre avec..., non pas fixer artificiellement de l'extérieur. C'est satisfaire un besoin, réduire un désir, répondre à une motivation. C'est saisir, assimiler, intégrer puis retenir, non pas automatiser d'abord à force de répétitions contraignantes et coercitives. C'est faire intervenir son intelligence et sa volonté, avant sa mémoire. C'est faire appel à son imagination et à sa créativité plutôt qu'à des mécanismes habituels et routiniers. C'est se baser sur un processus plus que sur un contenu. C'est s'adapter à son milieu et le dominer. C'est connaître sa condition et se libérer. C'est accepter les autres et établir des relations avec eux. Pour en saisir toute la portée, examinons les effets d'une automatisation précoce dans une situation d'apprentissage scolaire.

Partie théorique

1
Didactique générale

*Commencez donc par mieux étudier
vos élèves ; car très assurément,
vous ne les connaissez point...*

Jean–Jacques Rousseau

Les transformations des méthodes pédagogiques traditionnelles réalisées par l'enseignement moderne sont tributaires de l'évolution accélérée que subit notre civiliation contemporaine sous l'effet conjugué de la recherche scientifique et de la technique. Plus que sur les procédés, les réformes portent actuellement sur les attitules. Effectivement, « l'esprit moderne est fondé sur les onnaissances psychologiques, imposées par la civilisation erriblement active qui est la nôtre »[1].

La pédagogie traditionnelle a longtemps ignoré la spéificité de l'enfance : elle a toujours considéré l'enfant omme un adulte amoindri, en réduction, auquel manuait le savoir. Pour le débarrasser de ce handicap, son ction se traduisait par une discipline de fer, rigoureuse t implacable : les élèves qui ne travaillaient pas étaient urement fouettés ! L'activité intellectuelle de l'enfant, ée à cette contrainte oppressive et continue du maître, e pouvait qu'être hétéronome : « qu'ils (enfants) agis-

---

. GESLIN, L. *La classe active*, Editions C.E.C., Montréal 1967, p. 3.

sent, non qu'ils soient agis », a répliqué Claparède [2]. Pourquoi ? Parce que l'école traditionnelle attribuait à l'enfant des structures intellectuelles identiques à celles de l'adulte mais qui — se présentant à une échelle plus réduite — ne pouvaient pas fonctionner de la même façon. Dans cette optique, l'enfant était « capable d'œuvrer sans motif et d'acquérir, sur commande, les connaissances les plus disparates » [3]. On observait l'enfant, mais on le connaissait mal. Aussi s'est-il avéré important, surtout depuis la naissance de la psychologie scientifique, d'approfondir la connaissance des mécanismes de la pensée enfantine pour y adapter les méthodes d'enseignement sur mesure.

Empirique et intuitive, la pédagogie de jadis devient de plus en plus scientifique. Les méthodes d'enseignement se précisent, se vérifient et se corrigent : l'art d'enseigner devient une technique préparant l'avènement de la pédagogie expérimentale qui a pour objet l'étude de l'écolier, propre artisan de son savoir.

Selon R. Buyse, « la pédagogie, dans sa lente évolution, semble avoir franchi une série d'étapes : partie d'un empirisme tâtonnant et hasardeux, elle a été vivifiée par les impulsions fécondes de l'esprit philosophique ou les éclairs de génie des grands intuitifs ; elle atteint de nos jours le stade de la science véritable et prend rang dans la hiérarchie des disciplines universitaires. Il n'en reste pas moins vrai que pour être pleinement elle-même, elle continuera à s'alimenter simultanément aux diverses sources que nous avons signalées : l'empirisme des praticiens, l'inspiration des novateurs, la vision synthétique des philosophes, le contrôle précis des savants » [4].

Analysons brièvement le contenu de ce condensé de

---

2. CLAPAREDE, E. *L'éducation fonctionnelle*, Editions Delachaux et Niestlé, Neuchâtel 1931, p. 252.
3. *Idem*, p. 247.
4. BUYSE, R. *L'expérimentation en pédagogie*, Editions Lamertin 1935, p. 53-54.

l'évolution de la pédagogie. Tout d'abord empirique, elle était centrée sur le maître et le programme. Elle se basait sur une connaissance intuitive de l'enfant et favorisait l'application quasi aveugle de « recettes » éducatives. *L'art d'enseigner était lui-même empirique.*

Cependant, la méthodologie du XVIIIe siècle (issue de Coménius) ne tarda pas à introduire l'enseignement intuitif. Grâce à la « révolution copernicienne », elle se centre de plus en plus sur l'enfant; un enfant qu'elle commence à mieux connaître et dont elle est capable de relever les désirs, besoins et intérêts. Mettant à contribution la biologie, la psychologie et la sociologie, elle se permet de recourir à des données rationnelles. C'est l'ère de la pédagogie scientifique.

De nombreux mouvements de réforme sillonnent les horizons de la pédagogie. Des méthodes nouvelles et actives apparaissent, se multiplient et se diversifient : quelques-unes survivent, d'autres disparaissent pour être vite remplacées. Des techniques s'introduisent, se valorisent et s'implantent ou sont reléguées aux oubliettes. Ainsi *l'art d'enseigner se réfère de plus en plus aux techniques scientifiques.*

Mais la recherche scientifique en pédagogie ne se limite pas à une meilleure connaissance des possibilités caractérielles et des aptitudes des enfants. Elle s'étend également à un autre domaine d'exploration, à savoir les méthodes d'enseignement et les réactions individuelles de ces mêmes enfants en apprentissage scolaire. Contrôler l'instruction, mesurer le savoir, adopter un enseignement adéquat au niveau de compréhension de l'enfant et approprié à la nature de la matière à enseigner... Tels sont les faits pédagogiques qui deviennent l'objet d'étude de la pédagogie expérimentale.

Toutefois, ce n'est que vers 1894 que A. Binet et Th. Simon introduisirent officiellement l'expérimentation en pédagogie. « Nous ne dirons pas que ce sera l'éducation qui sera scientifique, mais la pédagogie, science de l'éducation, adoptera les démarches de la science »[5]. Simon décrit même le domaine de l'investigation scientifique comme une « étude méthodique des réactions des élèves aux procédés de l'enseignement ». Par ailleurs, M. Debesse rapporte que la pédagogie européenne a précisé ses méthodes de recherche de façon systématique durant la période entre les deux guerres mondiales, grâce aux travaux de Binet et Simon en France, de Dottrens en Suisse et de Buyse en Belgique (préface de la « Nouvelle pédagogie scientifique »). Il ajoute également que c'est vers les années 50 qu'un « renouveau d'intérêt » s'est fait sentir « en France en vue de réformer l'enseignement ».

Le domaine de la pédagogie expérimentale couvre donc les problèmes de l'instruction et ne s'étend pas à toute la pédagogie. Tenant compte des différentes didactiques, aucune méthode d'enseignement n'est privilégiée. Toutes sont vérifiées et testées en fonction de la matière à enseigner et des réactions des élèves. Aussi les programmes scolaires sont-ils modifiés en conséquence. D'empirique et intuitive, la connaissance pédagogique devient scientifique et expérimentale ; d'informatrice d'une tête bien pleine, l'action pédagogique devient formatrice de tête bien faite ; de réceptives, les méthodes deviennent actives et l'école-musée se transforme en école-laboratoire. *L'Art empirique d'enseigner cède progressivement la place à la technologie de l'enseignement.*

Si Binet, initiateur de la pédagogie expérimentale, a permis, par son apport scientifique, de mieux cerner et clarifier ce nouveau concept ainsi que son champ d'application, Buyse, son promoteur, a longuement œuvré pour la faire reconnaître et l'implanter dans le domaine des recherches scientifiques.

Il a même eu le courage, en identifiant son statut

5. MIALARET G. *Nouvelle pédagogie scientifique*, Editions de Presses Universitaires de France 1954, p. 8.

d'assurer son autonomie fonctionnelle. Aussi ne craint-il pas de conclure que « la pédagogie expérimentale s'appuiera donc sur une connaissance positive de l'être en croissance et tout spécialement l'écolier » [6]. Cette nouvelle branche scientifique ne peut pas s'identifier à la pédagogie générale, mais elle peut progresser par ses propres moyens de bord, raffinés en cours de route. « Une pédagogie scientifique constituée par l'analyse systématique de l'écolier (psycho-pédagogie) et par l'examen scientifique du travail scolaire (didactique expérimentale) nous paraît devoir être, dans son travail de recherche, indépendante et des sciences connexes et des autres parties de la pédagogie » [7].

A l'instar de Binet et de Buyse, Mialaret en donne des explications plus détaillées et des précisions. Il distingue tout d'abord la pédagogie scientifique de l'expérimentale. La première, selon lui, est une « pédagogie qui s'appuie sur une science déjà constituée » [8]. Alors que la deuxième, c'est cette « attitude scientifique devant un ensemble de faits qui ont une originalité, un certain nombre de caractères particuliers et qui constituent l'ensemble des faits pédagogiques » [9]. Cette dernière ne s'oppose pas à la pédagogie empirique, elle valide en quelque sorte ses procédés intuitifs et en analyse les conséquences. Elle permet alors la généralisation, voire même l'établissement de « lois pédagogiques » relatives à l'enseignement d'une matière scolaire précise et à l'évaluation du rendement scolaire. Tout comme elle favorise l'élaboration de principes didactiques et méthodologiques généraux. Elle doit partir de ce qui est, de ce qui a été établi empiriquement, pour essayer de mettre un peu d'ordre dans tous les résultats dispersés, pour préciser certains joints que l'intuition des bons maîtres avait déjà relevés.

6. BUYSE, R. Op. cit., p. 53.
7. Idem, p. 56.
8. MIALARET, G. Op. cit., p. 9.
9. Idem, p. 10.

Seule la méthode statistique permet de dégager, au moyen d'expériences faites dans les classes différentes, certaines lois indépendantes de ce facteur » [10]. Ainsi, pour consolider les données du bon sens de la pédagogie empirique, la didactique expérimentale s'intéresse à l'étude « d'un clavier de procédés, de techniques, de méthodes peut-être sur lequel pourra jouer la personnalité de l'éducateur pour créer une symphonie » [11]. Et Mialaret d'en préciser l'objectif : « de classer, de comparer, de coordonner les faits pédagogiques en vue d'une transmission plus aisée et plus rapide » [12].

En somme, la pédagogie expérimentale est l'étude scientifique des réactions des étudiants à l'enseignement. Elle fait donc partie intégrante des sciences pédagogiques appliquées mais ne pourrait guère être assimilée à la pédagogie. Elle se permet d'étudier et de contrôler scientifiquement la pratique scolaire, l'efficacité des diverses didactiques, l'utilité des différentes techniques de transmission. Mais elle ne pourra guère prétendre à l'innovation, tant qu'elle conférera à l'acte d'enseigner sa place privilégiée. Elle mesure le savoir acquis, établit des lois régissant le rendement scolaire, comprend et explique les faits pédagogiques, réorganise les programmes scolaires... C'est donc dans ses cadres que s'inscrit notre travail, c'est à ses préoccupations que se rattache notre recherche.

Connaître l'enfant qui est en apprentissage tout au long des différents stades de son développement ; connaître les lois mêmes de ce développement et celles de l'apprentissage ; être au courant des récentes découvertes en psychologie générale, mais surtout en psychologie génétique : voilà ce qui est indispensable pour un pédagogue. Mais il ne suffit pas de connaître l'enfant, il faut se pencher plus spécialement sur l'écolier, en train d'ac-

10. *Idem*, p. 12.
11. *Idem*, p. 109.
12. *Idem*, p. 108.

quérir des connaissances et de faire l'apprentissage des différentes matières scolaires. Connaître ces matières dans leur genèse et l'enchaînement de leurs différentes « unités », connaître le processus d'intégration de ces diverses connaissances, s'impose au même titre qu'être au courant de l'évolution de la logique enfantine.

Ainsi toute didactique — aussi empirique soit-elle — doit supposer quelques jugements sur la « réalité » des sujets auxquels elle s'adresse, sur la structure des matières à enseigner et sur la nature spécifique de leur objet. Elle doit se référer, en plus, à une sorte d'enchaînement logique permettant de réaliser un certain accord entre ces deux « types » de faits qui ne sont pas toujours compatibles entre eux.

Aussi l'école nouvelle ne tardera-t-elle pas à abandonner « l'ambition encyclopédique », pour se pencher sur un enseignement plus formateur qu'informateur ; car c'est tout le dynamisme de l'enfant qui favorise et conditionne même son apprentissage. Autrement dit, si les notions présentées sont à sa portée, si les actions et les opérations ont un sens pour lui, l'écolier n'a plus qu'à « chercher » la notion par lui-même et à l'acquérir. L'élaboration de la connaissance par un sujet motivé et intéressé exige donc un but pouvant être atteint (c'est-à-dire des notions assimilables, parce que correspondant à la maturation du sujet) et des moyens adéquats pour réaliser le but fixé (manipulations concrètes, actions effectives, puis opérations de la part du sujet lui-même qui désire apprendre). Voilà pourquoi les méthodes nouvelles s'efforcent de présenter les diverses matières de l'enseignement sous des formes assimilables par les structures intellectuelles des écoliers aux différents stades de leur développement. Libéré de la contrainte oppressive du maître et des programmes, l'enfant, — grâce à son activité personnelle — conquiert progressivement son autonomie. Car, si ses structures intellectuelles ne sont pas identiques à celles de l'adulte, elles semblent fonctionner de la même façon : l'enfant agit, stimulé par un intérêt, pour satisfaire des besoins. Et comme l'affirme Claparède, la loi de l'intérêt devient le « pivot unique autour duquel doit tourner le système éducatif » [13]. Aussi, pour être efficace, l'enseignement devrait-il être fondé sur le besoin et l'intérêt personnel de l'écolier.

L'éducation nouvelle doit donc viser à développer les fonctions intellectuelles et morales plus qu'à inculquer une somme de connaissances. L'école doit faire aimer le travail. Et Claparède d'ajouter : « C'est pour préparer à la vie que l'éducation doit être une vie » [14]. La pensée n'étant qu'un instrument, l'enfant doit apprendre à l'utiliser correctement. Il reste que si la pensée est conçue comme une forme d'action, un problème se pose : celui de rendre compte des différentes formes que revêtent les actes intellectuels. Car une grande différence existe entre le mécanisme intellectuel d'une opération acquise automatiquement (nous aurons à la prouver longuement, par la suite), et celui d'une opération poursuivie « intelligemment » par l'élève. Bien que Claparède considère la pensée comme un outil nécessaire à l'action adaptatrice de l'enfant, il s'intéresse surtout au choix d'une méthode d'enseignement répondant aux besoins de cet enfant : il étudie l'enfant pour connaître ses besoins et proposer des modalités éducatrices pouvant les susciter... Il ne se préoccupe pas de connaître la nature intrinsèque de la pensée. C'est Piaget qui va combler cette lacune par des études approfondies des mécanismes du développement cognitif à travers ses diverses manifestations.

Par ailleurs, la didactique ne peut pas se contenter des lumières de la psychologie génétique et différentielle car il y a le « savoir » à transmettre à cet enfant qu'elle connaît plus ou moins bien. La structuration de la matière à enseigner et son organisation devraient se faire conformément aux divers niveaux de compréhension des

13. CLAPAREDE, E. *Op. cit.*, p. 247.

écoliers. La connaissance n'étant plus considérée comme une copie ou une simple lecture de l'objet, l'enfant l'acquiert grâce au déploiement d'une activité externe et surtout « interne », qui ajoute « quelque chose » à cet objet. Il est donc important de connaître les relations pouvant exister entre le sujet de la connaissance et l'objet qu'il connaît. Or, ce problème relève de l'épistémologie, mais la didactique doit s'y référer pour comprendre et prévoir les différentes connaissances. D'autres problèmes surgissent également quand l'évolution historique de la connaissance à enseigner est en conflit avec le processus de développement des moyens de connaître en vue d'une autonomie et d'une meilleure intégration sociale.

En somme la didactique nouvelle fait nécessairement appel à :

- la psychologie générale (pour comprendre les sujets, leurs réactions, les lois de l'apprentissage...),
- la psychologie génétique (pour connaître et expliquer les lois du développement, les facteurs en jeu, les caractéristiques de chacune des étapes...),
- l'épistémologie générale et génétique (pour connaître la nature de chaque science, sa genèse, les propriétés de son objet d'étude...),
- la logique (pour sauvegarder la cohérence du système didactique...).

Est-ce, pratiquement, le cas ? C'est ce que nous essaierons de connaître en mettant à l'épreuve les méthodes les plus répandues dans l'enseignement des mathématiques (cf. chapitre II). Nous tenons toutefois à rappeler que le but de cette étude n'est pas d'établir un système bien défini de didactique générale, mais d'analyser les effets possibles de l'automatisation précoce sur l'acquisition de la connaissance ; ceci en étudiant les résultats des écoliers dans les méthodes qui automatisent systématiquement et en les comparant à ceux des élèves qui essaient d'assimiler par eux-mêmes. En s'inspirant des données de la psychologie de l'enfant et de l'épistémologie génétique, le didacticien est appelé à favoriser et faciliter la transmission du savoir : *quelle est la méthode la plus efficace pour atteindre ce but ?* Donner tout de suite des « trucs » aux enfants pour leur permettre de retenir « par cœur » la notion à apprendre, ou leur laisser le soin et le temps de découvrir par eux-mêmes cette notion ? L'acte d'apprendre diffère-t-il de l'acte de comprendre ?

2

Didactique mathématique

> *C'est l'esprit général des recherches psychologiques et souvent, aussi, les méthodes mêmes d'observation qui, en passant du champ de la science pure à celui de l'expérimentation scolaire, ont vivifié la pédagogie.*
>
> Jean Piaget

Si la didactique est, comme nous l'avons étudiée précédemment, cet ensemble de moyens pratiques sélectionnés pour amener l'enfant à assimiler la connaissance et lui permettre de se développer, elle doit savoir « qui » est cet enfant et « comment » il apprend, choisir judicieusement la méthode propice pour atteindre le but visé et connaître la nature des matières à enseigner ainsi que la structure des connaissances à acquérir. Elle doit donc puiser dans la psychologie de l'enfant et l'épistémologie des diverses matières scolaires. Voyons si tel est effectivement le cas au niveau de la didactique traditionnelle ou verbale, intuitive ou concrète, active ou opératoire ; et plus précisément dans l'enseignement des mathématiques, qui a toujours posé un sérieux problème aux enseignants et aux élèves.

A — Didactique mathématique traditionnelle

Les méthodes traditionnelles d'enseignement accordent une importance primordiale aux mots et aux symboles. Aussi sont-elles qualifiées de verbales et formelles. Ce sont des méthodes dites réceptives, basées sur la transmission des connaissances par le maître, qui se préoccupent plus de la rétention des notions et des conduites que de leur « compréhension ». L'élève doit suivre un processus précis : lecture, copie, mémorisation et répétitions.

Lorsque nous prenons le cas particulier des mathématiques, nous constatons que cette science fait appel — en grande partie — à des signes et symboles pour traduire les différentes opérations utilisées. Se centrer didactiquement sur cet aspect extérieur et conventionnel, c'est favoriser l'acquisition du langage mathématique au détriment des opérations elles-mêmes ; c'est accorder la priorité à la forme, au détriment du contenu rationnel à acquérir. Or tel était l'objectif de l'école traditionnelle et les mathématiques semblaient s'y prêter : « Le fait que les mathématiques se prêtent facilement à cet enseignement est dû à la grande part de conventions qui y interviennent. »[1] C'est ce qui explique la méthode coercitive et répressive de travail à laquelle correspond une activité « par devoir et effort ». L'enfant doit s'y plier : il n'a qu'à suivre l'enseignement des définitions et à les appliquer à la lettre, sans les comprendre nécessairement, ni connaître leur utilité. Le processus sera le suivant : décomposer les mathématiques en leurs éléments les plus simples, en se basant sur leur évolution plutôt historique, puis les enrichir progressivement en y juxtaposant des éléments nouveaux.

---

1. En collaboration, *Didactique de l'initiation mathématique à l'école primaire*, Editions du Bureau International de l'Education, Genève 1956, p. 9.

Ce type d'enseignement semble se rattacher à une théorie associationniste de l'apprentissage (celle de Thorndike en particulier) qui prend son point de départ dans la perception analytique de stimuli sélectionnés et le renforcement des liens associatifs entre eux. Dans cette optique, l'apprentissage se réduit à une modification des liens associatifs eux-mêmes par des réponses tâtonnées, des essais et erreurs.

En effet, Thorndike envisage la psychologie comme l'étude des connexions qui peuvent s'établir entre le stimulus et la réponse : quand le sujet apprend, une connexion synaptique s'établit dans le système nerveux et se reflète extérieurement par une réponse rapportée à une situation : « L'apprentissage est en théorie, et peut-être en fait, possible sans aucun autre facteur que la situation. »[2] (Traduction libre.)

La base de l'apprentissage se trouve ainsi dans l'association entre les impressions sensorielles et les impulsions à l'action ; ces associations (ou connexions) étant renforcées (ou affaiblies) dans la formation (ou désintégration) des habitudes. L'apprentissage se fait par essais et erreurs, autrement dit par sélections et connexions, l'essai étant défini par la performance (répétitions) qui précède la réalisation réussie du but. Et Thorndike de donner ses lois de l'apprentissage. La pédagogie en a surtout retenu une, à savoir la « loi de l'effet » qui réfère au renforcement ou à l'affaiblissement d'une connexion par l'effet de ses conséquences. Dans la traduction libre de son texte nous pouvons lire : « L'apprentissage de l'homme relève fondamentalement de l'action des lois de lecture, exercice et effet. Il est avant tout un mécanisme d'associations travaillant à éviter ce qui dérange le processus vital de certains neurones... »[3] Et

---

2. THORNDIKE, E. L. *Educational psychology*, tome II, Mason printing corporation, Syracuse, New York 1913, p. 19.
3. *Idem*, p. 23.

Thonrdike d'ajouter un peu plus loin : « L'apprentissage relève de la connexion ; et l'enseignement, de l'arrangement de situations qui mèneront à l'établissement des liens associatifs souhaités et les rendront satisfaisants. »[4]

Par ailleurs, l'enchaînement prend une apparence logique, sans l'être réellement, surtout pour l'enfant ! Celui-ci, pour retenir sa « leçon », n'a qu'à répéter plusieurs fois ce que le maître lui avait enseigné et à tâtonner pour trouver sa réponse ; d'autant plus que la décomposition en « tranches » semble faciliter la rétention et développer la mémorisation : ce qui favorise la fixation des notions. Ce « drill », ou dressage mécanique nous rappelle également le schéma stimulus-réponse du conditionnement de Pavlov : le maître introduit un nouveau théorème, comme un nouveau stimulant réclamant une conduite adéquate à laquelle se conforme l'élève selon les recommandations du maître. Ainsi l'association des stimuli et la répétition entraînent l'apparition immédiate de la réponse. Si bien que le conditionnement, considéré psychologiquement comme l'opération par laquelle on transfère le pouvoir d'un stimulus naturel à un stimulus artificiel (ou bien la substitution graduelle d'une réponse nouvelle à une réponse naturelle à un certain stimulus), revient pédagogiquement, à une transmission intégrale de la connaissance du maître à l'élève, renforcée par des récompenses ou punitions. Ceci est d'autant plus possible que le conditionnement à haut ordre l'est aussi, comme ont essayé de le prouver Finch et Culler (université d'Illinois) à partir des expériences de Fournikov et Pavlov : répétitions incessantes de la réponse et renforcement continu. C'est ainsi qu'une fois répété et retenu, le théorème se retrouve au niveau de plusieurs exercices d'application : et c'est ainsi qu'à force de répétitions et de renforcements, l'enfant finit par acquérir la connaissance ; son activité intellectuelle se réduit

---

4. Idem, p. 55.

à un hyperfonctionnement de sa mémoire, au détriment de son raisonnement et de sa logique. Les symboles mathématiques et les formules s'impriment presque passivement dans son esprit, après l'exposé du maître (comme sur une cire fraîche !). L'enfant n'est autre qu'un spectateur regardant — tout au long des démonstrations — se dérouler les activités du maître, et les laissant s'imprimer dans son cerveau. L'apprentissage devient inévitablement un conditionnement de l'élève (qui subit l'enseignement sans trop comprendre ce qui se passe devant lui) par le maître (qui se démène comme si lui-même faisait son propre apprentissage !).

Le fondement psychologique de cette didactique étant essentiellement mécaniste, la transmission de la connaissance doit se faire oralement. Piaget, en expliquant cette méthodologie, mentionne à juste titre que la vie mentale est considérée comme « le produit de la combinaison entre deux facteurs essentiels : les facteurs biologiques et la vie sociale »[5] ; le premier donnant les lois de l'apprentissage, langage et conditionnement ; et le second fournissant l'ensemble des connaissances à transmettre d'une génération à l'autre.

Nous illustrons cette didactique dans notre partie expérimentale par la méthode que nous appelons « automatisante » ou de « dressage », puisque l'enseignement se réduit à un simple « drill » ; ce qui nous permet d'étudier au niveau de l'analyse des résultats, les effets des automatismes sur la compréhension. L'essentiel à retenir est que l'enfant subit son apprentissage : il utilise systématiquement le même type de réponses pour un certain type de stimulations et répète, sans variations, ce à quoi il a été dressé.

5. PIAGET, J. *Psychologie et pédagogie,* Editions Denoël, Paris 1969, p. 91.

B — Didactique mathématique « explicative »

Face à cet enseignement mécanique, les critiques n'ont pas tardé à s'élever. Aussi le « drill », dans sa forme toute pure de simple dressage automatisant, se retrouve-t-il assez rarement dans nos écoles ; bien que les travaux de Skinner et les découvertes de la psychologie américaine l'y aient consolidé. Effectivement, depuis Pavlov, et surtout grâce à l'influence de son école de « réflexologie » soviétique, les théories de l'apprentissage (spécialement celles de Thorndike, Bruner...) se sont de plus en plus fondées sur le schéma stimulus-réponse du conditionnement de premier degré ; laquelle réponse est fonction des « renforcements » (réussite, échec...) et des répétitions. Skinner a maintenu cette position en réduisant l'organisme à « une boîte-vide », recevant les impressions-stimuli et réagissant par des réponses observables : « superficiellement, il est possible d'envisager l'interaction organisme-milieu comme une sorte d'input et d'output, d'entrées et de sorties... »[6] Ainsi fortement impressionné par ses expériences, Skinner réduit les réactions humaines à celles qu'il a observées auprès de ses pigeons : car, comme il le note lui-même, « en dépit des grandes différences qui les distinguent psychogénétiquement, tous ces organismes (pigeon, rat, chien, singe... et être humain) témoignent de propriétés étonnamment similaires dans le processus d'apprentissage. »[7]

Selon Skinner, le principal agent d'apprentissage est le renforcement : le comportement recherché, lorsqu'il est immédiatement suivi d'une récompense, est retenu. Cette théorie se rapproche du conditionnement de Pavlov, avec la différence que c'est un conditionnement dit du second degré ou instrumental, c'est-à-dire qu'à ce

6. SKINNER, B. F. *La révolution scientifique de l'enseignement*, Editions Dessart, Bruxelles 1968, p. 8.
7. *Idem*, p. 21.

niveau, la récompense suit le comportement et ne le précède pas : une fois la règle fixée et les exercices réussis, l'élève peut passer à une autre un peu plus compliquée. Autrement dit, si dans le conditionnement classique, aucun autre facteur n'intervient entre le stimulus naturel et le stimulus conditionné pour provoquer la réponse appropriée, il en va différemment dans le conditionnement opérant. Car, comme le mentionne Skinner (d'après notre traduction libre) : Un processus important dans le comportement humain est attribué, quoique cela soit exprimé de façon imprécise, à la récompense et à la punition. Thorndike l'avait décrit dans sa loi de l'effet. Mais nous le connaissons actuellement comme étant « le conditionnement opérant » ... Ce qui est techniquement utile dans le conditionnement opérant, c'est notre connaissance accrue des propriétés extraordinairement subtiles et complexes du comportement qui peuvent relever des caractéristiques tout aussi subtiles et complexes des contingences du renforcement qui prédominent dans la situation » [8].

Ainsi, si le reflexe conditionné est l'unité de conduite du conditionnement de Pavlov, le renforcement et l'arrangement de ses contingences constituent le point central du conditionnement opérant. Skinner ne conseille-t-il pas aux enseignants d'exploiter à fond les relations pouvant exister entre le renforcement et le comportement ?... « Les enseignants organisent les circonstances spéciales qui facilitent l'apprentissage, accélèrent l'apparition d'un comportement qui aurait été acquis lentement en leur absence, ou favorisent l'apparition d'un comportement qui, autrement, ne serait jamais apparu » [9]. Enseigner revient donc à organiser les contingences du renforcement en tenant compte des trois variables intimement liées que sont : l'occasion dans laquelle le

8. SKINNER, B. F. *The technology of teaching*, Appleton Century Crafts, New York 1968, p. 61-62.
9. *Idem*, p. 65.

comportement intervient, le comportement lui-même et ses conséquences. Cette organisation est de nature à provoquer l'apprentissage, surtout dans l'intervalle d'action des deux dernières variables, à savoir le comportement et ses effets. Aussi l'occasion favorise-t-elle l'expérience du sujet qui, par son activité, donne une réponse à la stimulation ; laquelle réponse entraîne des conséquences agréables (ou désagréables) capables de consolider (ou non) le comportement.

Basé sur cette perspective, « l'enseignement programmé » fut introduit comme méthode scolaire, avec une « machine à enseigner », remplaçant le maître et permettant la vérification immédiate de la réponse (pour renforcer la conduite du sujet) et la poursuite du programme (dont les séquences s'enchaînent « logiquement » pour permettre à l'élève de progresser dans l'acquisition des connaissances). Remplaçant le maître, la machine devient une fin en soi : pourtant elle ne vaut, en tant que moyen, que par le programme qu'elle porte. Or la construction scientifique et expérimentale du « programme » — avec ce qu'elle comporte comme souci du déroulement logique de la matière à enseigner dans ses différentes unités et respect rigoureux de ses exigences — a entraîné une application des plus remarquables tout spécialement aux niveaux des mathématiques et de la physique. Pourtant Skinner lui-même semble inquiet à ce sujet car « la programmation elle-même a souvent été mal comprise. Des premiers programmes qui s'appuyaient très étroitement sur l'analyse expérimentale du comportement, on ne copie que certains aspects superficiels. » [10] Néanmoins, la programmation connaît de nos jours une expansion et un succès des plus étonnants, surtout en Amérique du Nord...

Skinner a ainsi conçu une « machine à apprendre » suffisamment programmée et équipée pour fournir un

---

10. SKINNER, B. F. *Op. cit.*, p. 75.

meilleur rendement qu'un enseignement oral (le maître pouvant se tromper, s'énerver, avoir un « trou de mémoire »... alors que la machine est imperturbable!) Le résultat de son expérimentation et de sa mise à l'épreuve fut nettement positif, étant donné le but : faire acquérir les informations à partir de nombreuses répétitions, et progresser en cas de réussite. Mais il ne s'est pas trop intéressé à vérifier la teneur de cet acquis, sa stabilité et sa conservation. Pionnier de l'enseignement programmé, il fait appel au conditionnement opérant et à ses lois pour réformer systématiquement les méthodes d'enseignement : l'action des « récompenses et des punitions » étant l'un des mécanismes les plus importants du comportement humain. Les réponses plus faibles disparaîtront, les réponses exceptionnellement fortes tendront à se répéter, pour finir par dominer... « L'application du conditionnement opérant à l'éducation est simple et direct. Enseigner n'est rien d'autre, en effet, qu'arranger les conditions de renforcement dans lesquelles les enfants apprendront... Une machine à enseigner n'est en somme rien d'autre qu'un dispositif destiné à organiser les contingences du renforcement... »[11]

En somme, pour Skinner, l'apprentissage est un comportement dont l'acquisition est fonction des variations du milieu ; le sujet de l'apprentissage n'est qu'un organisme individuel capable de s'adapter selon certaines lois qui déterminent, par ailleurs, ses réponses. Pourtant l'homme n'est pas un automate et cette théorie, toute rénovatrice soit-elle, rend imparfaitement compte du phénomène de l'apprentissage scolaire. Nous pouvons admettre, avec Skinner et l'école américaine behavioriste qui a tiré un grand profit de sa réforme, que l'enseignement programmé favorise l'évolution dans la connaissance selon le rythme propre de l'élève, tout en le dispensant des sarcasmes et réprimandes de son professeur et

---

11. *Idem*, p. 76-79.

en lui permettant de rattraper tout retard dû à une maladie ou à d'autres causes. Mais d'abord, est-ce que toutes les matières scolaires sont programmables ? Par ailleurs, nous trouvons que la façon selon laquelle cet enseignement est présenté, et surtout la base psychologique sur laquelle il repose, sont incomplètes pour expliquer et favoriser l'acquisition et la conservation de nouvelles conduites par les élèves ; car tout n'est pas observable et mesurable dans la conduite humaine. En conséquence, nous ne pouvons guère réduire tout comportement à un seul modèle : le comportement physiologique. Si les pigeons sont conditionnés et réussissent leur apprentissage, quelle est la valeur de cette réussite et de cet apprentissage ? Les pigeons de Skinner ne peuvent pas parler, ni exprimer leur point de vue (s'ils en ont ?) mais l'être humain le peut. Aussi leur adaptation doit-elle être différente de celle de l'homme capable d'une prise de conscience et d'un certain recul face au monde. Pour éviter cette variable, Skinner rejette l'erreur dans l'apprentissage. Son initiative et sa réforme sont sans doute louables en elles-mêmes, mais nous trouvons son explication insuffisante pour déterminer l'apprentissage scolaire. (Nous reviendrons sur cette problématique au chapitre III.)

Parallèlement, et surtout à partir des travaux de Burton, [12] le méthode du « drill » fut plus ou moins modifiée, et c'est celle que nous connaissons généralement dans nos écoles. De pure automatisation, le dressage se transforme en une méthode « d'intégration et de raffinage ». En une première phase, les notions sont présentées, démontrées et expliquées par toutes sortes d'activités exploratrices de la part du maître ; elles sont répétées, exercées et « démontées », en une deuxième phase, par les élèves eux-mêmes, mais sans aucun stimulant pour la

___

12. BURTON, W. *The guidance of learning activities*, Appleton Century Crafts Inc, New York 1944.

compréhension. Autrement dit, les définitions et théorèmes préliminaires sont maintenus, mais approfondis par les explications et simplifiés par les décompositions du maître, en tenant compte des questions des enfants afin qu'ils perçoivent les significations mêmes, non seulement les symboles et formules ; la pratique est toujours de vigueur, considérée comme la condition « sine qua non » du progrès.

Ce nouveau genre d'enseignement, nous l'illustrons dans notre expérimentation par la méthode que nous appelons « explicative » : la comparaison des résultats avec ceux de la précédente nous montre encore mieux à quoi se réduisent les effets des automatismes acquis avant la compréhension. Par la méthode du « drill » l'élève risque de retenir momentanément une règle sans signification pour lui, ou bien il exclut tout raisonnement en le remplaçant par des automatismes. Par contre, et grâce aux explications supplémentaires, la compréhension peut être facilitée. Quoique les solutions viennent encore du dehors, l'élève fait un effort, non pas pour découvrir la notion, mais pour la mettre à sa portée et essayer de l'assimiler. Un pas est fait en avant, dans le sens de l'activité exploratrice ; mais ce n'est pas un pas de géant et il reste beaucoup de modifications à réaliser. Cette méthode que nous nommons « explicative » par « maïeutique » a une base psychologique fortement apparentée au behaviorisme. Gréco l'avait qualifiée de « méthode didactique » [13] et Kohnstamm [14] l'avait utilisée avec succès pour réaliser ses expériences sur l'apprentissage de l'inclusion des classes. Elle dépasse le conditionnement classique en laissant une ouverture à l'activité éventuelle de l'élève, parallèlement à celle du maître ;

13. GRECO, P. *Apprentissage et connaissance,* « E.E.G. », tome VII, Editions des Presses Universitaires de France, Paris 1959.
14. KOHNSTAMM, G. A. *Teaching children to solve a piagetian problem of class inclusion,* Editions Mouton, La Haye 1967.

elle se rapproche du conditionnement opérant par la structuration progressivement programmée des explicattions du maître, mais elle en diffère par le fait que ce n'est pas l'élève qui trouve sa réponse grâce à l'arrangement de la situation et aux contingences du renforcement : c'est le maître qui la lui donne toute faite et qui l'analyse dans ses détails.

C — Didactique mathématique intuitive

Avec l'évolution de la psychologie de l'enfant, certains remaniements furent opérés en pédagogie. C'est ainsi que pour rendre l'enseignement plus accessible à l'enfant, des techniques furent introduites, suscitant une compréhension intuitive : dès lors, des images et représentations furent utilisées comme moyen d'acquisition de la connaissance, autrement dit comme technique d'apprentissage. Dans la mesure du possible, des données sensibles étaient soumises à l'observation et à la perception des élèves ; puis elles étaient décrites, copiées, coloriées... en vue de laisser une « impression » durable.

Cette didactique prend son point de départ d'une psychologie (et d'une épistémologie) dite « sensualiste empiriste », qui conçoit les idées comme les « traces » des sensations dans la conscience du sujet: « Lorsqu'on désire aujourd'hui mettre l'esprit de l'enfant, de moitié dans l'étude de l'arithmétique, lorsqu'on veut enseigner les nombres — non seulement des chiffres ! — on procède par le « témoignage des sens »[15]. Selon cette conception, l'esprit reçoit les notions du dehors : il est une sorte de table rase sur laquelle s'impriment progressivement les empreintes de l'expérience sensible à partir des données concrètes et intuitives.

---

15. MILL, J. *Système de logique déductive et inductive*, tome II, 6e édition, Paris 1866, p. 294.

Or les précurseurs de l'enseignement imagé et intuitif (nous pensons à Lay en particulier [16]) ont affirmé, vigoureusement, que certaines images bien précisées suscitent l'intuition nécessaire à la compréhension ; dans ce sens que l'image est un indice anticipateur du résultat. L'intuition est alors considérée comme un moyen efficace pour éveiller les forces créatrices de l'enfant. Selon W.-A. Lay [17], l'impression — malgré son caractère réceptif — donne des représentations intuitives, elles-mêmes suivies par une activité qui en serait l'expression. Le schéma du conditionnement se retrouve, mais amélioré par l'explication de l'arc-réflexe : impression — assimilation — expression. Dans cette perspective, la connaissance se réduit à une copie figurative (au lieu d'une représentation symbolique) de la réalité ; la loi de prégnance de la bonne forme y est de rigueur ! Ce qui nous amène à noter que la psychologie de la « Forme » ou « Gestalt » est l'une des sources de l'enseignement intuitif que nous connaissons depuis le début du siècle, et l'une des raisons de son développement.

La Gestalt-théorie affirme, en effet, que les structures perceptibles (Gestalt) sont les « modèles » de toute autre structure mentale : il en résulte une réduction des opérations intellectuelles aux « formes » perceptives ou images. Par ailleurs, cette théorie considère l'apprentissage comme une saisie d'organisation dans un champ de forces où le besoin joue un rôle prédominant et où sa réduction assure l'équilibre de l'organisme ; c'est ce qui donne à l'intuition des perceptions, sa pleine valeur dans l'enseignement : la facilité (ou difficulté) d'un problème est une question de perception et surtout de perception de relations. L'apprentissage intuitif consiste alors dans l'acquisition des Gestalt moyens-but ; en tenant compte

16. LAY, W. A. *Experimental Pedagogik*, Leipzig 1911.
17. DRESE, P. O. *La didactique expérimentale de W. A. Lay*, Editions Nauwelaerts, Paris 1956, p. 33.

du fait que l'intuition suit une période de recherche et d'hésitation et que, une fois accomplie, elle peut être transférée à de nouvelles situations.

Encore une fois, l'enseignement apparaît comme tributaire de la structure expérimentale du champ : la situation doit être arrangée de telle sorte que tous les éléments nécessaires soient ouverts à l'observation et que les traits prédominants soient perçus dans leur relation propre. Ainsi, grâce à l'apport de la Gestalt-théorie (isomorphisme des structures physiques et mentales) et surtout grâce à l'apport de la psychologie génétique (les structures perceptibles changent de signification au cours du développement), l'enseignement imagé s'est de plus en plus éloigné des représentations graphiques pour se centrer sur l'intuition sensible directe. Forte de ceci, et y ajoutant les manipulations de son matériel autodidactique et autocorrecteur, Maria Montessori a favorisé — au début du siècle — l'enseignement de l'initiation mathématique, qui a continué à se développer considérablement au cours de ces dernières années. Essayons d'examiner la portée de cet apport nouveau.

La didactique intuitive a fortement ébranlé l'enseignement traditionnel et scolastique, sans l'annihiler toutefois. Si la didactique verbale est basée sur une psychologie et une épistémologie mécanistes et associationnistes, l'enseignement intuitif est basé sur une psychologie et une épistémologie empiriques et gestaltistes. Si la première recourt au « symbole — empreinte », le second se sert de la « stimulation — image » ! Examinons ceci de plus près en donnant un bref aperçu de l'enseignement selon Montessori et Cuisenaire.

1 — Docteur en médecine, Maria Montessori a toujours été hantée par l'idée de libérer l'enfant en éliminant toutes les difficultés sur son chemin et en mettant tout à sa portée. Dans sa « casa dei bambini », elle essaie de mettre en pratique les enseignements et propos de

Pestalozzi (libérateur de l'enfant) et de Froebel (fondateur de Kindergarten) : si le premier a favorisé la spontanéité de l'enfant (en le libérant) et le second sa créativité (en lui donnant un matériel adéquat), Montessori a provoqué aussi bien le respect de la liberté de l'enfant, que celui de l'expression de sa pensée.

En effet, elle introduit un matériel concret favorisant l'exploration et l'acuité perceptives: elle y vise cependant plus une « intuition » matérielle que des représentations intuitives (comme dans le cas de Lay ou de la Gestalt-théorie). C'est ainsi que l'acquisition de la notion du nombre, par exemple, se fait à partir de barres de longueurs différentes concrétisant les nombres de 1 à 10. Chacune de ces barres représente un nombre, semble-t-il, « la barre épargne un effort mental inutile et donne de la clarté à l'idée » [18].

Le matériel montessorien se prête à une multitude d'exercices facilitant l'acquisition des diverses notions mathématiques à partir de l'activité libre de l'enfant : il contribue à faire fonctionner certaines aptitudes et à régler leur fonctionnement. Aussi la didactique consiste-t-elle à inviter l'enfant à enregistrer méthodiquement et progressivement (du simple au plus complexe), à partir du matériel, les impressions venant du dehors. De la sorte, l'esprit se construit grâce aux données sensibles jusqu'à présenter une sorte de « correspondance bi-univoque » dans ses structures, avec celles du milieu objectif. Or il a été longuement démontré dans la théorie génétique Piagétienne, que la perception ne préfigure pas la notion... [19]

Nous nous retrouvons face à une transmission des connaissances. L'enseignement y est vivant : l'enfant est

18. MONTESSORI, M. *Pédagogie scientifique*, Editions Desclée de Brouwer, Bruges 1958, p. 319.
19. PIAGET, J. *Les mécanismes perceptifs*, partie III, chapitre VI-VII, Editions des Presses Universitaires de France, Paris 1961.

invité à construire lui-même des notions mathématiques ; cependant, est-ce que l'intuition, à elle seule, peut constituer toute l'activité intellectuelle (comme l'affirme la psychologie sensualiste) ? N'y a-t-il pas danger que l'enfant se fixe sur la configuration en tant que telle, plutôt que sur ce qu'elle représente ; d'autant plus que, dans le cas présent, le nombre est représenté par une longueur ? Et lorsque Montessori, comme certains de ses prédécesseurs (ou successeurs !) s'arrête au nombre 10 comme face à une limite naturelle, n'est-ce pas là une autre preuve que l'enseignement reste extérieur à l'enfant, comme dans le cas de la méthode verbale ? Ajoutons que l'intuition du mathématicien est plus que cette intuition perceptive, statique en elle-même : elle se base essentiellement sur un mécanisme opératoire, dynamique et créateur, qui dépasse la configuration et s'en sert pour l'orienter vers l'action, tenant plutôt compte de ses transformations que de ses états. Montessori ne s'est pas intéressée à la question, épistémologiquement, et Cuisenaire — plus tard — butera contre le même problème ; ayant repris le matériel autodidactique de Montessori, il l'a renouvelé et a étendu son emploi en dehors de la maternelle, tout au long du cours primaire (voire même du secondaire). Prenant le même point de départ et utilisant les mêmes moyens, il va inévitablement se heurter aux mêmes difficultés.

2 — Se plaçant dans la même lignée que Montessori, Georges Cuisenaire introduit à l'école des réglettes coloriées représentant chacun des premiers nombres. Il invente ainsi le procédé des nombres en couleur, dépassant, par cette nouvelle dimension, l'enseignement imagé et intuitif auquel, par ailleurs, il s'apparente beaucoup. Son matériel, connu aussi sous le nom de « colomath », présente une frappante parenté avec le matériel de Montessori pour les mathématiques. C'est un ensemble de barres de bois dont la longueur varie, de 1 à 10 cm, la plus petite

se présentant sous la forme d'un cube blanc et les autres étant représentées par des couleurs différentes : rouge (2 cm), vert clair (3 cm), rose (4 cm), jaune (5 cm), vert foncé (6 cm), noir (7 cm), marron (8 cm), bleu foncé (9 cm) et orange (10 cm). Si bien que l'aspect ordinal des nombres est illustré par la longueur des réglettes, alors que la couleur favorise l'identification de la cardination.

Les réglettes sont donc structurées selon la couleur et l'étendue ; et le matériel se base plutôt sur la relation que sur le nombre lui-même. Car les réglettes se présentent généralement comme un ensemble d'objets sur lesquels on reconnaît des relations d'équivalence de couleur et de longueur, ou une relation d'ordre des longueurs.

Cuisenaire (et ses disciples) essaient de les adapter progressivement, dans leur utilisation, aux différents stades du développement, en vue de favoriser la compréhension des mathématiques : « Le procédé des nombres en couleur associe voir à faire, à calculer, à vérifier et à comprendre. »[20] Tout en apprenant les mathématiques, l'enfant semble faire un apprentissage de la logique et construire son raisonnement. Mais effectivement, ce n'est pas le cas puisque, toujours selon Cuisenaire : « Il importe de donner à l'enfant des *automatismes* et des habitudes *qui s'acquièrent par plusieurs répétitions* de combinaisons numériques présentées de manière concrète et avec le contrôle immédiat des résultats. »[21] Donc, le passage se fait automatiquement (dans le subsconcient du sujet) du stade de l'observation (voir, toucher...) à la fixation concrète et à l'abstraction. Autrement dit, l'activité du sujet n'y est pas totale : ce ne sont pas ses schèmes de structuration qui s'adaptent à la notion et à l'opération, ce sont celles-ci qui — à force de répétitions —

20. CUISENAIRE, G. et GATTEGNO, C. *Initiation à la méthode. Les nombres en couleur*, Editions Delachaux et Niestlé, Neuchâtel 1960, p. 22.
21. *Idem*, p. 19.

implantent leurs mécanismes dans l'esprit du sujet. C'est à croire, de nouveau, que l'enfant n'a qu'à rester plutôt passif mentalement, pour laisser le temps à ses manipulations sensibles de consolider « les traces » de ces manipulations mêmes dans sa conscience. Or le développement de la logique nécessite l'élaboration d'un système formel construit par le sujet (concrètement, puis de plus en plus intériorisé) en plus de l'énoncé de jugements et diverses interprétations : réalité que l'élève, qui suit la méthode Cuisenaire, ne pourra atteindre que très difficilement puisqu'il est incapable de se décentrer de la configuration sensible. Et Gattegno d'ajouter : « Ce matériel sert à parfaire la fixation des automatismes en leur laissant, *uniquement par la couleur*, des schèmes capables de faire revivre le conscient dans le subconscient, le vécu dans l'automatisme mécanisé. » [22] C'est à croire que Cuisenaire admet une certaine activité fonctionnelle : mais c'est un leurre, puisque, pour lui, la perception n'est pas une schématisation, c'est-à-dire qu'elle ne résulte pas d'une activité effective de structuration. C'est plutôt la classification des couleurs qui facilite l'identification des nombres et rend leur fixation plus précise : le rouge s'applique aux multiples de 2, le vert à ceux de 3 et le jaune à 5 et 10. Nous décelons par là un autre défaut épistémologique : le dénombrement est réduit à une classification de couleurs. Or le nombre se construit par synthèse de l'emboîtement inclusif et de la sériation. Dès lors, il semble que l'enfant opère concrètement sur les réglettes et semi abstraitement avec la couleur. Si nous considérons l'opération comme un ensemble d'actions intériorisées, comment pouvons-nous traduire cette affirmation de Cuisenaire? Dans quel sens considère-t-il l'abstraction ? Grâce à son procédé des nombres en couleurs, il pense avoir trouvé « le moyen de passer aisément et sûrement du stade des observations (voir, toucher et

---

22. *Idem*, p. 20.

palper) au stade de la solide fixation concrète préparatoire à l'abstraction et au passage dans le subconscient... Voir et faire « suscitent des mécanismes » et déclenchent l'automatisme »[23]... Mais qu'est-ce qui déclenche la « minuterie » et réalise le passage du concret à l'abstrait ? Les réglettes elles-mêmes ? La manipulation en soi ? Ou est-il possible que les manipulations soient identiques aux abstractions, pour les structures mentales ? Du fait même que les réglettes doivent être un support pour l'une et l'autre des activités du sujet, cela pose un problème, aussi bien psychologique que logique : en effet, non seulement on demande des opérations formelles à un jeune enfant manipulant les réglettes, mais aussi on réduit la logique formelle à la logique concrète et réciproquement... D'autant plus que c'est la notion de mesure plutôt que celle du nombre qui est sous-jacente aux diverses manipulations et qui pourrait être aidée favorablement par les réglettes. Il est vrai que les structures, nécessaires aux deux notions, sont isomorphes, de par leur construction. Cela n'empêche que les réglettes représentent des dimensions à comparer, égaliser, sérier, mesurer... Or la synthèse des opérations de partition et de déplacement constitue la mesure plutôt que le nombre (épistémologiquement parlant). Et si les enfants se servent des réglettes parce que Cuisenaire (tout comme Montessori) veut leur épargner un effort mental inutile, le but n'est pas atteint, sur le plan de la logique même, car l'enfant apprend lorsqu'il réduit lui-même l'obstacle et surmonte les conflits, plutôt que lorsque les problèmes lui sont épargnés... Par ailleurs, quand il n'est pas centré sur la longueur (qu'il « conserve » plus tard que le nombre), il l'est sur la couleur. L'association entre la couleur et le nombre est si évidente que la couleur devient le nombre, dans l'esprit d'un jeune enfant qui n'est pas encore capable de décentration exhaustive : ce qui

23. *Idem*, p. 19-23.

risque de perturber son développement intellectuel. Ainsi Cuisenaire pense réunir « en une seule activité mentale les trois aspects du processus mental (l'intériorisation, la réversibilité, l'associativité, telles que décrites par Piaget) qui conduit à la notion de nombre permettant à l'enfant de transformer librement ses propres images du nombre à la compréhension des opérations » [24]. Notons, en passant, l'influence de la Gestalt-théorie puisque, implicitement, Cuisenaire admet l'isomorphisme entre les structures perceptives et représentatives.

Comme nous pouvons le constater, la méthode Cuisenaire relève fortement de l'enseignement intuitif. Quoiqu'il ne l'explicite nulle part, Cuisenaire admet pratiquement que les perceptions déclenchent l'intuition qui implique une vérification concrète. S'il ne considère pas les notions comme de simples empreintes de la sensation, il n'explique quand même pas le mécanisme de l'activité mentale et n'établit pas les lois de l'opération concrète ou semi-abstraite. Ainsi, perception et action suscitent des mécanismes, déclenchent des automatismes, permettent de réaliser des calculs et de nombreux exercices qui conduisent à la fixation d'une notion. Nous retrouvons un nouveau type de « drill » par la couleur et la manipulation, qui favorise une fixation allant du concret vers l'abstrait, à partir d'un système où la réglette (et le jeu de réglettes...) joue un rôle primordial d'opérateur. Et lorsque Gattegno note que « la répétition a un rôle biologique, elle ne vise pas la fixation des souvenirs, mais la maîtrise du processus » [25], nous avons le droit de nous demander de quel genre de « maîtrise » il s'agit, et surtout quel processus entre en jeu. Prenons le cas, digne d'admiration, d'un enfant de six ans capable — « grâce à une action éducative appropriée, ... de dominer les

---

24. *Idem.* p. 23.
25. GATTEGNO, C. *Guide introductif aux nombres en couleur,* Editions Delachaux et Niestlé, Neuchâtel 1961.

structures »[26] — de trouver les racines carrées parfaites demandées, avec une rapidité étonnante, et demandons-lui de trouver une racine carrée imparfaite, la plus petite soit-elle ; s'il y arrive, c'est que l'apprentissage a réussi, et l'enfant a été capable de faire un certain transfert. Malheureusement, lorsqu'on nous a raconté — avec émerveillement — cette acrobatie, on a ajouté qu'un tel cas ne s'est pas présenté : nous pouvons donc rester sceptique quant à l'acquisition — et surtout la maîtrise — d'une telle structure par l'enfant en question... D'ailleurs Goutard relève elle-même un cas pareil : un enfant de six ans qui résout, sans réglettes, une équation avec racine carrée et même cubique[27]. Tout le monde est frappé de stupeur. Admettons que l'enfant ait résolu l'équation : qu'est-ce qui nous prouve qu'il l'a comprise ? Est-il capable de l'utiliser dans des situations concrètes ou de s'en servir pour en résoudre d'autres ? C'est à ce moment, et seulement à ce moment-là, que nous pourrons affirmer avec Goutard que « l'esprit accède à une créativité située au niveau rationnel »[28]. Mais est-ce qu'un enfant de six ans est capable d'interpréter adéquatement des problèmes du niveau d'un adolescent de 12-13 ans ?

Il faut donc que les structures soient vraiment à la portée des élèves, non pas des structures formelles camouflées superficiellement par un voile d'opérations concrètes... Il n'est plus étonnant de voir Gattegno s'exclamer comme suit : « Il a été prouvé plus de mille fois que lorsque j'enseigne les mathématiques avec les réglettes Cuisenaire, les élèves font rapidement des bonds incroyables. Personne ne peut le nier, même si personne ne peut l'expliquer. »[29] Ce qui est incroyable c'est qu'on ne

26. GOUTARD, M. *Les mathématiques et les enfants*, Editions Delachaux et Niestlé, Neuchâtel 1963, p. 33.
27. *Idem*.
28. *Idem*, p. 33.
29. GATTEGNO, C. *Eléments de mathématiques modernes par*

puisse expliquer ce genre de bonds stéréotypés et indescriptibles avec lesquels l'enfant emmagasine des notions (qui ne veulent rien dire pour lui en dehors de manipulations de réglettes), et enregistre des mécanismes d'opération. Il ne s'agit pas d'entraîner l'enfant à faire des acrobaties intellectuelles qui — ne connaissant pas leurs mécanismes — risquent de l'assommer ; mais plutôt de satisfaire ses besoins et de le motiver suffisamment pour que (à l'aide du matériel) se déclenche une activité fonctionnelle qu'il est capable de diriger par lui-même en vue de l'acquisition de notions assimilables par ses structures mentales. Ceci d'autant plus que la motivation, extrinsèque au matériel, n'a pas l'air d'intéresser Cuisenaire et ses disciples : « Ceux qui veulent partir de problèmes réels pris dans la vie scolaire, ne font souvent que projeter leurs motivations dans l'enfant. »[30] Il faut donc, selon l'avis de l'auteur, éviter l'artificialisme de la vie et partir de situations concrètes et naturelles, telles que le matériel lui-même, sans broder d'histoires à côté. Psychologiquement et pédagogiquement, ce conseil semble de trop puisqu'au départ l'enfant est animiste et fabulateur, et que son apprentissage nécessite une motivation préalable que la manipulation des réglettes ne pourrait susciter, à elle seule. L'essentiel serait donc de recourir à cet animisme fabulatoire et de le dépasser en centrant moins l'attention des enfants sur l'histoire que sur l'action elle-même.

L'important est donc :

- — associer voir à faire, calculer, vérifier et comprendre ;
- — créer des images nettes et précises pour rendre le calcul sensoriel rapide et attrayant ;

les nombres en couleur, Editions Delachaux et Niestlé, Neuchâtel 1960, p. 6.

30. GOUTARD, M. _Op. cit._, p. 35.

D — Didactique mathématique opératoire

Cette didactique prend son point de départ avec les pionniers de l'école active tels que Dewey, Claparède, Freinet, pour qui l'activité est essentiellement fonctionnelle, c'est-à-dire une conduite qui tend à satisfaire un besoin chez le sujet « intéressé » par son effort volontaire et son élaboration expérimentale de la connaissance. Elle n'a malheureusement pas beaucoup progressé, étant donné que bon nombre d'éducateurs restreignaient l'activité aux manipulations concrètes des objets, sans admettre que l'abstraction en est une, mais intériorisée. D'ailleurs, quand vous vous renseignez sur l'expansion de l'école active, vous entendez — généralement — des réponses dans le genre de celle-ci : « Ben oui, nous avons des écoles actives, nous pratiquons la méthode active d'enseignement, dans nos maternelles et en 1re année... » C'est à croire qu'il n'y a plus d'école active à partir du moment où les enfants ne « perdent » plus leur temps à jouer en classe. Si, dès le départ, le terme « activité » prête à confusion, il est normal que l'évolution de l'école active vers une école opérante — ou le développement de la didactique active dans le sens d'une didactique opératoire — soit entravée et retardée. Toutefois, actuellement, grâce à la psychologie génétique, et surtout aux travaux de Piaget, nous comprenons fort bien que si l'activité est effective au départ, elle continue à se déployer sur le plan des abstractions, quand le sujet atteint le niveau formel de son développement mental. C'est en puisant dans cette théorie opératoire que Hans Aebli a construit un échantillon de didactique psychologique ; et c'est dans le but de contribuer à la construction d'une telle didactique que nous essayons, dans le présent travail, d'étudier les résultats et les mécanismes d'un enseignement inculqué du dehors. Il n'est ponc pas étonnant de voir les principes d'une telle didactique s'inspirer de la psychologie génétique et opératoire de Piaget et tirer des conclusions de sa théorie épistémologique. Le caractère génétique de sa psychologie nous fait connaître les mécanismes de développement de la pensée (telle qu'étudiée et présentée déjà par Claparède), alors que son caractère opératoire nous éclaire sur la nature et les propriétés de cette même pensée. Quant à son épistémologie, elle nous renseigne sur la possibilité de la connaissance et des différentes sciences ainsi que sur leur développement, tout en précisant la nature opératoire de leurs objets d'étude. Voyons sommairement, au niveau d'une didactique, l'apport possible psychologico-épistémologique de la théorie opératoire de Piaget et de ses disciples.

Piaget affirme être plus épistémologue que psychologue. En effet, c'est en étudiant la connaissance, sa nature et ses mécanismes qu'il a analysé le développement cognitif de l'individu ; c'est en analysant les facteurs et les fondements de la connaissance ainsi que son processus de développement qu'il a abordé le problème de la construction génétique de la pensée adulte et cherché à connaître les étapes de l'évolution intellectuelle. Rejetant la théorie empiriste qui réduit l'activité aux associations d'éléments et critiquant la Gestalt-théorie qui la réduit à une saisie des bonnes formes, il affirme — et le prouve tout au long de ses études psychologico-épistémologiques — que la connaissance résulte d'une interaction continue entre le sujet (qui cherche à connaître) et les objets (à connaître) du milieu environnant. Relevant ce phénomène d'interrelation action-perception, il en étudie les mécanismes : orientée par l'action propre du sujet, cette interaction sujet-objet entraîne une structuration qui se développe graduellement.

En somme deux pôles convergent pour la formation de la connaissance : le sujet agissant (et pensant), vis-à-vis du monde extérieur des objets. Or ces objets lui apparaissent sous des transformations continuelles de leurs qualités et de leurs propriétés. C'est à l'esprit qu'incombe le rôle de trouver un « invariant » à travers les modifications, et surtout les moyens adéquats de fonder cet invariant : l'intervention personnelle et effective du sujet lui permet d'assimiler le récl devant lequel il est placé dès sa naissance et de s'y accommoder. L'équilibre de cette assimilation-accommodation constitue l'acte d'intelligence et favorise la construction des éléments de la connaissance.

Le point de départ de la connaissance est donc constitué par les actions du sujet sur le réel. Il serait même préférable de dire que l'action complète le contenu de la connaissance et achève la construction de ses structures. L'action, en tant qu'activité du sujet (concrète ou intériorisée) est donc fondamentale ; si bien que nous pouvons affirmer : *connaître un objet c'est d'abord agir sur lui.*

Mais comment se développe cette connaissance qui prend son point de départ dans l'action ? Comment se fait le passage de l'action concrète, manipulatrice, à l'abstraction ? L'étude génétique de l'enfant — telle que l'a pratiquée J. Piaget — révèle un développement mental, parallèle au développement physiologique et orienté dans le même sens. Il se déroule dans un ordre séquentiel irréversible de six stades hiérarchisés (réflexes et habitudes, sensori-motricité, représentation, intuitions articulées, opérations concrètes, opérations formelles). Cette progression des stades intellectuels se fait dans le sens d'une intégration, de telle sorte que le palier qui termine une période constitue l'achèvement de tout un ensemble de structures relatives à cette période et le point de départ des possibilités sous-jacentes. C'est ainsi que toute influence (même inconsciente) ou tout exercice (même subconscient) peut avoir des répercussions sur l'activité future et l'attitude même du sujet. Ne serait-ce, par exemple, qu'au niveau du phénomène communément appelé du « déjà-vu » et qui pourrait favoriser (ou non) l'acquisition d'une connaissance entre le moment de la fixation passagère et celui de la vraie compréhension à une étape bien précise du développement. Si bien que toute expérience acquise en fonction du milieu — aussi bien physique que social — relève d'un apprentissage (au sens large du terme) autant, si ce n'est plus, que de la maturation ; en tenant compte, toutefois, du fait que nul apprentissage ne sert en l'absence du développement nerveux minimum, nécessaire à l'apparition d'une certaine conduite. Il nous faut ajouter également que la dichotomie maturation-apprentissage se complète par un facteur essentiel d'équilibration. Il s'ensuit que toute connaissance nécessite un apport actif du sujet ; l'activité consistant dans une mise en relation des éléments qui relèvent de l'objet à connaître et dans la coordination des actions effectuées sur cet objet. Connaître la vraie nature des interactions en cours, connaître les mécanismes des coordinations en jeu, connaître les différentes étapes du développement de la logique et les divers modes d'acquisition de la connaissance, s'avère d'une importance capitale pour la didactique et lui ouvre de nouveaux horizons, favorisant son évolution et l'épanouissement des sujets auxquels elle s'adresse.

Or nous venons de voir avec Piaget que le développement de l'intelligence de l'enfant se présente dans un ordre constant de six stades qui se groupent en trois « constructions », chacune prolongeant la précédente et la construisant sur un nouveau plan pour l'enrichir et la dépasser, à savoir : la construction sensori-motrice, l'opératoire et la formelle. Chacune de ces constructions présente une probabilité croissant en fonction des résultats obtenus au palier précédent et amène avec elle un bagage cognitif plus important : cette continuité (le passage des coordinations sensori-motrices aux actions effectives puis intériorisées) étant essentiellement assurée par le facteur d'équilibration.

Nous comprenons alors pourquoi le rôle de l'intelligence est avant tout de s'adapter aux situations nouvelles, c'est-à-dire de *comprendre et d'inventer* ; et nous nous rendons compte que le but essentiel de l'enseignement devrait être de favoriser le développement de cette « capacité » d'organisation et de structuration en lui préparant un champ d'action propice. Cette activité structurante de sensori-motrice et prélogique qu'elle était se manifeste ensuite chez l'enfant par des manipulations concrètes (logique d'action) et se continue chez l'adolescent puis l'adulte par des manipulations verbales et mentales (logique formelle). Ainsi la construction formelle est une *restructuration* et *un enrichissement* de la construction opératoire concrète qui, elle, avait reconstruit les données de la construction sensori-motrice. L'enfant découvre la connaissance par des manipulations concrètes qu'il est capable de reconstruire intérieurement ou de reproduire d'une manière évocatrice, par symbolisation, en se décentrant de son point de vue propre et en coordonnant ses différentes actions. L'action, intériorisée, devient alors opération (intégrée à un système d'ensemble) et peut se traduire manifestement par des signes et symboles. *La source de la logique* est donc dans la *coordination générale des actions.* Les diverses coordinations sont élaborées progressivement, selon une construction continue de palier en palier, grâce à une abstraction (simple d'abord puis réfléchissante) permettant l'apparition de nouvelles structures à partir des schèmes d'action du départ. L'abstraction réfléchissante diffère de l'abstraction simple, dans ce sens qu'elle ne porte pas sur les objets pour en connaître les propriétés, mais sur les actions elles-mêmes et leurs coordinations.

Parallèlement à ce développement se construit l'expérience logico-mathématique et s'élaborent les structures numériques opératoires. En effet, parmi les actions du sujet sur les objets, certaines laissent les objets invariants à titre d'objets (ne lui impriment pas des transformations) et se *coordonnent entre elles* sous forme d'opérations logico-mathématiques : « L'opération ne se borne pas à corriger les erreurs, au vu du résultat des actes, mais elle en constitue une préconception grâce à des moyens internes de contrôle tels que la réversibilité (par inversion ou réciprocité). » [31] Par ce fait, l'attitude structuraliste opératoire dépasse l'atomisme associationniste et complète la théorie de la forme ; car ce qui caractérise la pensée logico-mathématique n'est pas d'abstraire à partir des propriétés des objets eux-mêmes mais à partir « des actions que l'on peut exercer sur eux et essentiellement des coordinations les plus générales de ces actions, telles que réunir, ordonner, mettre en correspondance... Or ce sont précisément ces coordinations que l'on retrouve dans le groupe (structure logico-mathématique fondamentale) et avant tout : a) la possibilité d'un retour au point de départ (opération inverse du groupe) et b) la possibilité d'atteindre un même but par des chemins différents et sans que ce point d'arrivée soit modifié par l'itinéraire parcouru (assosiativité du groupe » [32]. Ces groupes d'opérations se coordonnent eux-mêmes en structures d'ensemble, ayant leurs lois propres et leurs caractéristiques. Effectivement, le groupe, par exemple le groupe additif, est « un ensemble d'éléments (par exemple des nombres entiers positifs et négatifs) réunis par une opération de composition (par exemple l'addition) qui, appliquée à des éléments de l'ensemble, redonne un élément de l'ensemble ; il existe un élément neutre (dans l'exemple choisi, le zéro) qui composé avec un autre ne le modifie pas (ici $n + 0 = 0 + n = n$), et il existe surtout une opération inverse (dans le cas particulier la soustraction) qui, composée avec l'opération directe donne l'élément neutre ($+n - n = -n + n = 0$) ; enfin les compositions sont associatives $(n+m) + 1 = n + (m+1)$ » [33].

31. PIAGET, J. *Le structuralisme*, Editions des Presses Universitaires de France, Paris 1968, p. 15.
32. *Idem*, p. 18-19.
33. *Idem*, p. 17-18.

Quelles sont les conclusions didactiques que nous pouvons en tirer ? L'acquisition des notions et opérations mathématiques est préparée par des manipulations concrètes orientées selon une logique qualitative nécessaire à toute expérience logico-mathématique, c'est-à-dire que l'enseignement des mathématiques devrait être intégré à un apprentissage de la logique qualitative à partir de l'activité propre et de la recherche personnelle des sujets qui apprennent. Aussi faut-il tenir compte de la manière selon laquelle les enfants structurent leur monde et résolvent leurs problèmes à chacun des stades de leur évolution. D'autant plus que, connaissant les mécanismes d'acquisition de la connaissance et les processus du développement, il nous est plus facile de trouver les moyens les plus efficaces pour assurer et accélérer le passage d'un palier d'équilibre à un autre plus avancé, c'est-à-dire plus stable dans sa structuration et plus mobile dans ses mécanismes de fonctionnement. Car la construction opératoire d'une notion lui confère un caractère de mobilité qui relève du dynamisme des relations au sein de la structure d'ensemble, favorisant de nouvelles adaptations et facilitant — en conséquence — le progrès de la connaissance. A la lumière de ceci, le didacticien sera plus éclairé pour organiser les situations expérimentales dans l'apprentissage en vue d'une efficacité optimale ; il saura à quel moment et surtout de quelle façon intervenir durant l'apprentissage et enfin il pourra interpréter adéquatement les réactions des élèves et leurs résultats. Il est donc primordial pour lui de savoir que « tout le système d'opérations intellectuelles se présente psychologiquement sous deux aspects parallèles : extérieurement, il s'agit d'actions coordonnées (affectives ou mentalisées) et intérieurement (prise de conscience) il s'agit de rapports s'impliquant les uns les autres. Donc, l'explication psychologique consiste à procéder de l'extérieur à l'intérieur, c'est-à-dire à voir dans les implications réfléchies le produit de la prise de conscience de l'organisation des actions... Cette conscience d'implications nécessaires est liée à la capacité de composer les actions entre elles et à leur réversibilité ou possibilité d'opérer dans les deux sens. C'est cette composition réversible qui transforme les actions simples en opérations proprement dites : organisation sensori-motrice des actes et articulations plus ou moins mobiles des intuitions, puis opérations concrètes, ensuite opérations au second degré ou formelles » [34].

Ainsi par exemple, les premières notions mathématiques étant préparées par les deux structures logiques de base (logique de classe et logique de relation), pourquoi ne pas commencer par celles-ci, avant de surmener les enfants avec des chiffres et des opérations sans sens aucun pour eux ? Etant initiés à la classification et à la sériation, il leur est plus facile de construire le nombre (qui en est la synthèse, de par sa nature), de l'intégrer à leur schématisme logique et d'opérer par une manipulation concrète des objets d'abord, en coordonnant les actions sur ces objets, puis par abstraction à partir de ces actions. Produit de la coordination des actions et d'une abstraction réflexive, le nombre est — en conséquence — étroitement lié aux activités fondamentales du sujet (réunir et ordonner) sans — pour autant — être contenu d'avance dans les coordinations de départ et sans être abstrait des objets comme tels. C'est ce qui explique que les différentes structures numériques ne soient pas soustraites des objets mais plutôt ajoutées à ces objets, puisque l'expérience logico-mathématique procède par abstraction à partir des actions sur les objets (non pas à partir des objets eux-mêmes) et les projettent sur un nouveau plan de la réflexion. D'autant plus que les opérations étant essentiellement réversibles l'enseignement devrait partir d'exercices portant sur cette même réver-

34. PIAGET, J. *Traité de logique*, Librairie Armand Collins, Paris 1948, p. 16-17.

sibilité ; ce qui favoriserait la structuration personnelle.

Nous comprenons maintenant l'utilité d'une telle logique et la nécessité de la psychologie et de l'épistémologie génétiques pour la didactique mathématique. Tout en étudiant la connaissance en fonction de sa construction (réelle ou psychologique), nous devrons la considérer, non point de façon absolue, mais comme relative à un certain niveau du mécanisme de cette construction. Les fondements épistémologico-opératoires de la didactique mathématique deviennent nécessaires actuellement, car l'enseignement des mathématiques modernes fait fureur, tant au niveau secondaire que primaire. Or enseigner la théorie des ensembles de façon verbale (ou purement concrète) mène inévitablement au désastre. Par contre, l'enseigner en partant de l'élaboration propre de l'enfant et de sa participation active aboutirait nécessairement à de bons résultats. Nous disons bien *nécessairement* car, comme nous venons de le voir (et comme le prouve suffisamment l'épistémologie de la logique et de la mathématique), il y a une grande parenté entre les structures des mathématiques modernes et les structures de la logique : le rôle du maître serait de trouver des situations-problèmes adéquates au niveau du développement de ses élèves, capables de les intéresser, afin qu'ils les résolvent, progressent dans l'acquisition de la connaissance et se développent... Au lieu de présenter sa leçon ou de se contenter de faire manipuler un matériel, il permettra la construction de cette « leçon », à partir du matériel, mais surtout grâce à une vraie expérience logico-mathématique et en composant les opérations directes et inverses.

Comme nous le savons déjà, Hans Aebli a commencé ce genre de travail dans l'enseignement des mathématiques traditionnelles selon une approche opératoire. Une équipe de chercheurs dirigée par messieurs Morf et Haramein (tous deux disciples de Piaget, à l'Université de Montréal, Canada) élargissent cette expérience et essaient d'établir expérimentalement les différentes coordonnées de la didactique opératoire. Une autre expérience, intéressante par ses résultats, est en cours (et se précise de plus en plus), dirigée par monsieur Z. P. Dienes à l'Université de Sherbrooke au Québec.

M. Dienes avait commencé son travail à Adélaïde (Australie) : tous ses efforts ont convergé pour guider les enfants dans l'apprentissage des mathématiques modernes, à partir de la maternelle ; non pas « en dénaturant » les mathématiques mais en les présentant sous une forme aussi adaptée que possible aux capacités de chaque être en particulier. Son but est, comme il l'affirme lui-même, la « compréhension complète de tous les détails de l'activité mathématique par tous les enfants de l'école »[35]. L'intermédiaire utilisé est une grande quantité de matériel didactique. Le procédé employé favorise le travail par équipes autant que les recherches personnelles. Cette compréhension, Dienes l'échelonne en trois phases :

— une phase préliminaire de jeux de tâtonnements et d'activités exploratrices de l'enfant ;
— une phase intermédiaire de jeux plus structurés, durant laquelle le schème directeur de la découverte apparaît brusquement dans son organisation d'ensemble et conduit au concept ;
— une phase finale d'analyse et d'application de la découverte ; sorte de mise en pratique du concept.

Entrer dans les détails des étapes de Dienes et analyser sa méthode ne fait pas partie des préoccupations du présent travail. Toutefois, nous ne pouvons pas nous empêcher de mentionner qu'il n'a pas encore éclairci le processus d'apprentissage particulier aux mathématiques: *la brusque apparition du « schème directeur »* de la

---

35. DIENES, Z. P. *La mathématique moderne dans l'enseignement primaire*, Editions O.C.D.L., Paris 1964, p. 5.

deuxième phase n'explique rien au didacticien. C'est ainsi que les manipulations de son matériel, dans la recherche de la connaissance, rappellent un peu ces boîtes-surprises dans lesquelles la réponse vient comme par magie : il suffit de presser le bon bouton ! ... et là, il suffit de tomber sur le bon schème pour comprendre... Dienes parle d'une activité intérieure, logico-mathématique, qui commence dès les manipulations concrètes et se reconstruit avec la pensée formelle : l'activité concrète n'étant pas une simplification de la logique formelle ; et l'abstraction n'étant pas quelque chose de surajouté et juxtaposé au concret, mais le restructurant... Une autre lacune nous est apparue également dans sa définition du nombre: « Le nombre est une abstraction... les nombres n'ont pas d'existence réelle. Les nombres sont des propriétés... relatives à des ensembles d'objets... Les relations entre ensembles conduisent à des considérations d'ordre logique, tandis que les propriétés des ensembles conduisent à des considérations d'ordre mathématique. » [36] Or l'épistémologie mathématique nous a prouvé que l'être mathématique se construit non pas à partir des propriétés des ensembles, mais des coordinations des actions mêmes du sujet agissant. Dienes ajoute : « On passe de l'univers des objets à l'univers des ensembles, et les propriétés qui permettaient de classer les objets ne définissent plus les ensembles, mais des nombres ; il y a là un grand saut dans l'abstraction, mais les enfants sont enchantés de faire ce saut, pourvu qu'on leur procure les expériences convenables pour fonder cette nouvelle abstraction... » [37] En quoi consiste ce saut ? Comment assurer la continuité ? Par le matériel ? Par un nouveau genre de dressage ? ... Aller plus au fond du problème dépasse les cadres de cette étude, mais l'explication de Dienes le magicien, ne suffit pas à faciliter la

36. *Idem*, p. 12.
37. *Idem*, p. 42.

compréhension et à permettre le développement cognitif
de l'enfant...

E — Conclusion

Tout au long de ce chapitre, nous nous sommes contentée de résumer les variétés didactiques qui nous inté-
ressaient, et d'en dévoiler les points faibles en vue de
préparer l'étude des effets de l'automatisation avant la
compréhension. Ceci n'exclut pourtant pas le fait que chacune de ces méthodes présente des avantages bien appré-
ciables, que nous pouvons rappeler ici :

1— Si la didactique traditionnelle est automatisante,
c'est qu'elle s'intéresse essentiellement à une éducation intellectuelle pure, prenant comme point de départ une discipline rigoureuse et un vocabulaire châ-
tié : en tant que technique utilitariste, elle vise particulièrement la rapidité des opérations effectuées et
l'application des mécanismes qui interviennent quotidiennement... En tant que reflet d'une société bien
assise sur ses traditions et coutumes, l'éducation traditionnelle répond bien aux objectifs d'un monde
stable : reproduction quasi intégrale et parfaite de
choses apprises... Des sujets qui ont passé par là, on
n'exige ni esprit d'initiative, ni créativité. Néanmoins,
si des savants et des génies ont émergé, durant les
siècles passés, c'est parce que ce type de personnes
surdouées peut s'en tirer avec n'importe quelle
didactique : ils transcendent presque la méthode.
Or de nos jours, avec la démocratisation de l'enseignement et l'expansion des connaissances, l'objectif
traditionnel devient inutile : chacun est appelé à
jouer un rôle actif dans une société qui se réorganise
et un monde qui évolue. Ce n'est plus une reproduction de l'acquis que l'on exige (cet acquis étant

sujet aux « changements »), mais des innovations favorisant le progrès continu. Puisque tout évolue, il est nécessaire de modifier notre façon d'enseigner en vue de répondre aux nouvelles exigences socio-culturelles.

2— C'est ce qu'a réalisé la méthode intuitive, et nous ne pouvons guère nier le progrès effectué depuis son introduction à l'école. Nous ne pouvons non plus passer sous silence le côté positif introduit par la méthode Cuisenaire : rendre les mathématiques plus attrayantes et leur enseignement plus facile ; mettre cette science hypothético-déductive à la portée des manipulations enfantines et accélérer les étapes de son enseignement. Mais en voulant trop simplifier et analyser cette connaissance, Cuisenaire l'a quelque peu défigurée... Aussi des modifications et remaniements se sont avérés nécessaires, surtout depuis l'introduction de la théorie des ensembles dans les programmes scolaires.

3— Dienes a largement contribué à ces rectifications en préparant l'expérience mathématique par un certain apprentissage logique : l'expérience logico-mathématique étant différente des simples manipulations sensibles, il a encouragé l'enseignement des mathématiques modernes en les mettant à la portée des jeunes enfants : les jeunes apprennent les mathématiques beaucoup plus facilement en construisant les concepts à partir de leur propre expérience réelle. Aussi n'a-t-il point trouvé superflu de concrétiser les mathématiques par des problèmes d'ordre pratique, vécus quotidiennement par les enfants.

4— Papy et sa femme ont également contribué à faciliter la tâche des enseignants et des élèves par le renouvellement qu'ils ont provoqué dans l'enseignement des mathématiques. C'est ainsi que l'introduction du

MINICOMPUTER PAPY, dans l'enseignement élémentaire, a eu une grande influence en familiarisant les jeunes enfants avec les principes de base du système numéral. C'est une boîte qui comprend une série de plaques carrées, chacune divisée en quatre cases ; chaque case est d'une couleur différente (correspondant aux réglettes cuisenaires) et représente une valeur numérique particulière...

Sans analyser les principes théoriques ou les avantages et inconvénients de cette machine à calculer (qui permet aux élèves de représenter n'importe quel nombre en plaçant les pions dans les cases) relevons néanmoins, que des enfants peuvent, dans un délai très court, acquérir (par minicomputer Papy) un nombre très large d'habiletés et de concepts mathématiques. L'expérience directe n'y laisse pas trop de place à la mémorisation ; et tous les enfants (aussi bien les intelligents que les moins doués) aiment travailler avec le minicomputer.

En somme, *l'opération mathématique n'est pas un mécanisme ; c'est un schème actif d'assimilation-accommodation au réel, qui ne dérive pas de ce dernier mais des actions elles-mêmes du sujet.*

3

Apprentissage et automatisation

Si la fixation mécanique d'une notion permet de la comprendre d'une certaine manière, elle peut en empêcher la transposition et la généralisation, créant ainsi un sérieux handicap pour l'avenir.

Paul Osterrieth

Quel genre de compréhension peut découler d'un processus basé sur la fixation mécanique d'une connaissance ? Ou plutôt, que peut être le rôle de l'automatisation précoce dans l'apprentissage des structures cognitives ? Provoque-t-elle un simple « insight » (connaissance immédiate) ou une acquisition de longue durée utilisable dans des situations nouvelles ?

Telle est la problématique sur laquelle nous désirons nous pencher en vue d'une analyse approfondie des effets éventuels de l'automatisation précoce. Nous nous proposons de l'étudier encore plus minutieusement au cours de ce troisième chapitre à l'intérieur duquel nous essaierons d'établir, non pas une nouvelle théorie de l'apprentissage (elles sont suffisamment nombreuses et par ailleurs, une telle tentative dépasserait l'objectif de notre travail, mais une esquisse panoramique des deux principales théories qui nous intéressent — à savoir la théorie empiriste (associationniste) et la « structurale » (opératoire) — pour aboutir à une explication plus ou moins schématique de l'automatisation et de ses mécanismes. Après quoi nous énoncerons notre hypothèse et le choix des quatre notions adoptées pour les mettre à l'épreuve expérimentalement.

A — Le problème de l'apprentissage

L'entente n'est pas encore établie sur le concept même d'apprentissage et sur ses frontières. Cette indétermination est d'autant plus gênante qu'elle entraîne fatalement une indétermination similaire quant aux théories mêmes de l'apprentissage (ou portant sur le processus d'apprentissage). Toutefois, étant donné le rôle important du milieu ambiant dans la vie des individus, un certain accord semble régner pour englober, sous le nom d'apprentissage, toutes les acquisitions qui ne relèvent pas de la maturation et qui modifient le comportement. Les psychologues et les épistémologues n'ont pas encore mis un point final à cette solution et « les études d'épistémologie génétique » nous renseignent longuement sur les controverses et les discussions interminables qui en découlent.

Mais si la tendance générale est de faire de l'apprentissage le domaine privilégié d'une explication du type empiriste, c'est-à-dire de le considérer selon son sens étroit comme un processus passif d'information empirique, certaines théories ne se mettent pas à l'unisson. En effet, parmi les variétés de théories de l'apprentissage certaines se rapprochent de l'associationnisme empiriste et d'autres s'en éloignent fort bien. Or non seulement la théorie associationniste réduit l'apprentissage à l'établissement passif de connexions entre les stimuli et les réponses, mais elle réduit aussi toutes sortes d'acquisitions à ce genre d'apprentissage. Toutefois, cet empirisme est loin d'être une théorie moniste ; il couvre un grand nombre d'interprétations en passant de l'associationnisme atomistique de Hume à la connaissance-copie u réel de Hull, sans oublier Thorndike, Skinner et les ltres behavioristes. Cela n'empêche pas une entente us-jacente qui considère l'empirisme comme une théorie de la connaissance qui minimise l'activité pro-e du sujet et maximise le rôle des données, des asso-ations objectives, de la répétition des expériences... »[1]

Par contre, si comme l'avait fait remarquer Piaget à aintes reprises, toute genèse (même celle de la con-aissance) part d'une structure et aboutit à une structu-, l'activité du sujet devient alors un facteur important apprentissage. En effet, dès la naissance, les structures ologiques élémentaires permettent une élaboration pro-essive des structures plus évoluées et plus complexes, passant par les structures d'actions élémentaires avant atteindre les structures opératoires supérieures. Et si développement est une réadaptation continue, comme vait préalablement précisé Claparède, il est normal que ntelligence ait alors pour fonction principale l'adapta-n de l'individu au milieu (physique et humain) dans quel il vit. Qui dit adaptation dit échange et sous-en-d une interaction. Or le processus d'adaptation se roule conformément à un mécanisme d'assimilation-commodation. L'assimilation étant l'intériorisation du lieu extérieur et son incorporation par le sujet agis-t grâce aux instruments particuliers que sont les èmes (qualifiés essentiellement par la triple capacité recognition, reproduction et généralisation), l'accom-dation serait, en conséquence, cet ajustement progres-que le sujet devrait faire de ses schèmes d'assimila-n, à travers les multiples transformations et enrichis-ents. Ainsi toute assimilation est réajustée par une commodation et l'équilibre de ces deux mouvements nstitue l'acte d'intelligence. De cette interaction cons-

---

GRECO, P., PIAGET, J. (et collaborateurs), *Etudes d'épisté-mologie génétique*, E.E.G., tome X, Editions des Presses Uni-versitaires de France, Paris 1959, p. 152.

tante et continue entre l'individu et le milieu ambian
naît une structuration graduelle relevant essentiellemen
de l'action du sujet. Il s'ensuit que la maturation du sy
tème nerveux n'est pas suffisante, à elle seule, dans l
processus du développement. Elle ouvre seulement de
possibilités qui devraient s'actualiser. Cette actualisatio
relève tout particulièrement de l'expérience et de l'exe
cice, en même temps que de la socialisation et de la c
opération, en vue de provoquer des modifications stable
de la conduite. *Et la condition nécessaire et suffisan*
pour que ces modifications de conduite (ou transform
tions de structures) *deviennent de l'apprentissage*, c'e
qu'elles ne soient pas momentanées, mais durables et u
lisables ; *c'est-à-dire qu'elles s'intègrent totalement a*
schématisme et fusionnent avec lui en vue de prépar
la nouvelle structure. C'est ce qui explique le rôle d
l'équilibration comme quatrième facteur indispensable a
développement ; car qui dit équilibration dit compens
tion active de la part du sujet, des perturbations prov
quées par le milieu extérieur. Si bien qu'au sens strict d
terme, l'apprentissage se réduit à toute modification d
la conduite, en fonction de l'expérience ; alors qu'au ser
large du terme, c'est cette transformation intégrée au
mécanismes mêmes d'équilibration. Dans cette optiqu
dualiste, nous pouvons dire que le conditionnement e
un apprentissage au sens strict du terme : il ne réclan
pas *nécessairement* l'activité du sujet ; alors que l'a
prentissage opératoire l'est au sens large : l'activité d
sujet y est *essentielle.* Dans le premier cas l'acquisiti
est médiate ; l'équilibration agit sur les schèmes assim
lateurs ; tandis que dans le deuxième cas l'équilibrati
en fait partie intégrante : l'apprentissage est alors le pr
duit de l' « union des apprentissages au sens strict et d
processus d'équilibration » [2]. L'empirisme se vérifie do

2. PIAGET, J. et collaborateurs. *E.E.G.*, tome VII, Editions d
   Presses Universitaires de France, Paris 1959, p. 36-38.

ans la mesure où l'apprentissage se réduit à des acquisitions tirées de l'expérience physique, mais s'avère insuffisant en cas d'expérience logico-mathématique. En effet, nous avions noté que l'expérience est nécessaire au éveloppement de l'intelligence et de la connaissance, appelons alors qu'elle se présente sous deux variétés ien distinctes : l'expérience physique et l'expérience gico-mathématique. La première consiste à agir sur les bjets de manière à en découvrir des propriétés, abstraites des objets eux-mêmes ; alors que la deuxième consiste à agir sur les objets de manière à découvrir des propriétés abstraites des actions mêmes du sujet sur ces bjets : de telle sorte qu'à un moment donné l'action sur s objets devient inutile, alors que la coordination suffit à engendrer une manipulation opératoire, symbolique, rocédant ainsi de manière purement déductive. Une uestion se pose dès lors : est-il possible que l'apprentissage des structures logico-mathématiques (des actions onduisant à découvrir les propriétés logico-mathématiques élémentaires, puis des opérations conduisant à les éduire) soit semblable à l'apprentissage des lois physiques ? Rien ne prouve que coordonner des actions en ue de découvrir les lois de la coordination revienne à ordonner des actions en vue de découvrir les propriétés des objets : dans le premier cas, l'apprentissage porte ur une forme, dans le second sur un contenu (même si découverte du contenu exige toujours l'intermédiaire une forme et vice-versa). Et dans la mesure où le développement des structures logiques obéit aux lois d'équilibration, les deux apprentissages diffèrent plus profondément encore. Peut-on donc réduire l'apprentissage des ructures logiques à celui des lois empiriques (physiques) ou comporte-t-il des mécanismes propres ?

Gréco affirme que les structures, dans l'apprentissage ératoire (ou structural), ne sont point lues ou assimiles progressivement à partir des objets ; mais les objets x-mêmes « sont l'occasion pour le sujet de développer une activité structurante coordonnant les schèmes (d'action, de jugement, etc.) »[3].

Mais qu'adviendra-t-il si le schématisme dont le sujet dispose est insuffisant ? Est-ce qu'un apprentissage de type empirique peut se substituer alors au processus de structuration ? « Selon les cas », nous répond Gréco dans son analyse des relations entre induction, déduction et apprentissage. Et Gréco de poursuivre : « Sera dit 'empirique' tout apprentissage portant sur des contenus physiques comme tels, c'est-à-dire obéissant primordialement à des déterminations locales d'événements. Un apprentissage « empirique » peut se traduire par un processus de perfectionnement graduel des conduites, réglé par un jeu cumulatif de renforcement ou par des découvertes soudaines... En résumé, le schématisme a pour fonction essentielle d'organiser le donné brut. Selon le degré de ce schématisme, ou l'usage que le sujet peut en faire, les événements interviendront alors soit comme ensembles coordonnés, soit comme événements-stimuli. »[4] Dans le premier cas, il s'agit alors d'une structuration opératoire et dans le second d'un apprentissage empirique qui « si passif soit-il, comporte un minimum de schématisme et d'activité »[5]. Autrement dit, et puisqu'une structure se caractérise par sa forme et son contenu, l'apprentissage empirique est un apprentissage du contenu de la structure alors que l'apprentissage opératoire l'est — et plus — pour la forme elle-même. Et si les sens et les renforcements sont essentiels pour l'acquisition du contenu, leur importance est d'un degré minime pour le développement même des structures. Il s'ensuit que l'enfant apprendrait difficilement une structure logique par conditionnement et renforcement ; il apprendrait alors — et encore — un certain contenu de cette structure qui

_____

3. GRECO, P. _Op. cit._, p. 56.
4. _Idem_, p. 57.
5. _Idem_, p. 59.

constituerait l'aspect figuratif de sa pensée sans en atteindre, pour autant, l'aspect opératif (car ce dernier fait appel à une activité intérieure de coordination ; cf. partie D du chapitre précédent). Cette réponse n'est pourtant pas une solution finale et nombreux sont les psychologues et épistémologues behavioristes ou non qui se penchent encore sur ce problème pour en vérifier la teneur. La leçon que nous pouvons en tirer est de favoriser un apprentissage indirect de l'équilibration par un apprentissage de la notion impliquée, à partir d'exercices inspirés du processus même d'équilibration. C'est de ce point de départ que nous allons, d'ailleurs, construire notre technique expérimentale. Nous pouvons ainsi affirmer avec Goustard que « l'adaptation est par essence relationnelle, en ce qu'elle traduit l'activité du sujet qui n'est pas source absolue de connaissance, et à la fois la réactivité à l'objet dont le sujet n'est pas un reflet passif. L'apprentissage est donc affecté d'un double caractère : réaliste, en tant qu'il manifeste l'adaptation aux pressions objectives du réel, et solipsistes, par suite des composantes internes sujettes à des lois propres du développement » [6].

Riche de telles considérations, que pouvons-nous dire de l'inférence éventuelle d'automatismes avant l'élaboration active du sujet et avant la mise en jeu de son schématisme ? Auront-ils l'effet communément connu sous l'appellation « bâtons dans les roues », et entraveront-ils la structuration ? Ou joueront-ils le rôle de catalyseur dans la situation relationnelle sujet apprenant-objet à connaître ? D'autre part, l'effet serait-il le même à toutes les phases du développement génétique et cognitif ? Autrement dit, joueront-ils indifféremment le même rôle, quels que soient la situation expérimentale, le niveau de développement du sujet et la valeur intrinsèque de l'objet ?

---

6. GOUSTARD, M. *E.E.G.*, tome X, *Op. cit.*, p. 111.

Retenons, pour vérifier l'éventualité d'une acquisition nouvelle et la validité d'un apprentissage, l'importance de:

a— *l'acquisition et la stabilité* de la nouvelle conduite par un contrôle rigoureux au niveau d'un pré-test et d'un post-test, dont les résultats révéleront un éventuel progrès (donc une nouvelle acquisition) ;

b— *la nature de la structure* sous-jacente aux réponses (justes ou erronées) et aux justifications ; car le raisonnement actualise la structure et en révèle la mobilité en cas d'apprentissage réussi (composition et réversibilité des nouvelles opérations) ;

c— la transposition possible à des situations analogues, connue sous le nom de *généralisation*; ce critère, tout comme le suivant, vérifie l'acquisition de la notion en testant (grâce aux variations) la mobilité de la structure en cause ;

d— l'éventualité d'un *transfert* à une structure apparentée, génétiquement solidaire; ce serait alors la preuve que la nouvelle notion s'est intégrée au schématisme assimilateur et équilibrant ;

e— *la conservation* dans le souvenir pour tester la durée de la modification (et la valeur de l'apprentissage).

Tels sont les critères que nous aurons à expérimenter pour savoir si, en cas d'apprentissage précédé d'automatisation, le sujet a compris et s'est adapté à la nouvelle notion. Dans quel sens vont alors intervenir les automatismes fixés avant la compréhension ? Provoqueront-ils une transformation de l'expérience logico-mathématique en expérience physique? Permettront-ils la réussite de l'apprentissage? Resteront-ils neutres en cas de structuration?

B — Le problème des automatismes

Si nous avons opté pour le rôle prédominant de l'activité interne du sujet en apprentissage, les behavioristes et les empiristes ne partagent guère notre point de vue. Certes, ils admettent une certaine activité, mais son rôle est secondaire : le renforcement étant placé au premier plan. Nous l'avons vu déjà avec Skinner, mais avant lui Mowrer [7] adoptait la même solution : influence du renforcement interne pour poursuivre l'action. Or le renforcement interne joue seulement un rôle de motivation, alors que l'apprentissage nécessite une coordination personnelle. Les renforcements, internes ou externes, sont bien utiles à l'activité du sujet qui cherche à connaître, mais ils constituent l'aspect figuratif de ses schèmes, non pas leur aspect opératif. Ne lisons-nous pas également chez Le Ny que « le psychisme est autre chose qu'une « somme de réflexes conditionnels », c'est vrai ; mais il trouve dans le conditionnement et dans les explications qui s'y rattachent une explication ou un modèle simplifié de ses activités, même les plus hautement élaborées. » [8]

Comme nous allons aborder la problématique de l'automatisation, et comme nous l'avons rapprochée, dans l'enseignement, de la méthode dite de dressage, nous avons jugé indispensable d'expliquer et de fonder théoriquement ce que nous avançons. Or en psychologie, la méthode de dressage (des animaux) est souvent appelée « conditionnement » quand il s'agit d'expliquer certains entraînements pour l'acquisition de nouvelles conduites chez l'être humain. Par ailleurs, si nous nous référons au lexi-

7. MOWRER, O. H. *Learning theroy and the symbolic processus*, Editions Wiley, New York 1960.
8. LE NY, J. F. *Le conditionnement*, Editions des Presses Universitaires de France, Paris 1966, p. 53.

que que Le Ny annexe au livre d'où nous avons relevé la citation d'introduction, nous remarquons qu'il y définit le conditionnement comme suit : « établissement de liaisons conditionnelles (acquises en fonction du milieu). Au sens large : ensemble des lois, mécanismes des processus relatifs à la formation et au fonctionnement des liaisons conditionnelles. » Parallèlement, il définit l'apprentissage comme étant une « acquisition, dans le cours de la vie d'un individu, de nouvelles activités psychiques sous l'influence des conditions du milieu ». Définition qu'il fait suivre de celle du concept d'association : « liaison établie par apprentissage entre deux activités ou états psychiques. On peut considérer cette liaison comme étant de caractère conditionnel.»[9] Une conclusion s'impose dès lors, réduisant quand même toute l'activité psychique au conditionnement, c'est-à-dire à la seule influence des conditions du milieu. D'ailleurs Le Ny l'affirme bien clairement : « Le conditionnement n'est pas seulement un système d'explication pour les phénomènes d'apprentissage, mais pour l'ensemble des comportements ou des conduites. »[10]

S'il n'est pas dans les objectifs du présent travail d'entrer dans les détails des discussions pour vérifier la validité d'une telle assertion, il est pourtant important de savoir si le conditionnement suffit à expliquer l'acquisition d'une nouvelle conduite ; d'autant plus que nous venons de trouver des conclusions qui contredisent celle-ci (cf. partie A du présent chapitre). De quel genre d'acquisition s'agit-il alors ? *Peut-on réellement dissocier la simple performance du véritable apprentissage ?* Est-ce que le fonctionnement des mécanismes de ces deux processus est identique ?

Telle est, condensée et résumée, la problématique de départ de notre expérience. Il nous faut donc connaître

---

9. *Idem*, p. 158-159.
10. *Idem*, p. 5.

les mécanismes mis en branle dans les deux cas, ainsi que le sens d'orientation des deux processus ; et surtout le mode d'acquisition et d'interaction entre eux... Néanmoins, nous pouvons déjà noter que dans l'apprentissage-conditionnant (ou considéré selon l'optique behavioriste), « l'esprit s'exerce avec une série de stimulations et graduellement il pourra produire la même réaction d'apprentissage avec les stimulants qui ont été associés... Un mécanisme régit l'homme et le domine... » [11]. En conséquence, toute pédagogie qui s'appuie sur une telle théorie « devient un dressage et ne peut atteindre les facultés supérieures : l'éducateur n'a qu'à développer des réflexes, sans s'occuper de la réflexion et du jugement proprement dit. La conséquence pour la pratique éducative est visible : mécanisation et spécialisation à outrance ! Le savoir devient un ensemble de trucs que l'on applique pragmatiquement » [12]. Si ce but n'est pas à rejeter, et s'il a été longtemps poursuivi à travers les siècles, il ne répond plus, actuellement, aux exigences et aux besoins de l'enseignement : de nos jours, la compréhension est la fin poursuivie en premier lieu à travers les méthodes et techniques. Pourquoi cet abandon progressif ? Parce qu'un dressage ou plutôt un « drill » s'avère insuffisant pour l'acquisition et surtout la conservation de toutes ces connaissances qui affluent d'un peu partout et doivent être emmagasinées par les élèves ; parce que le conditionnement nuit à l'initiative et à la créativité.

Par ailleurs, en nous référant encore une fois au lexique de Le Ny, nous constatons qu'il donne, du « réflexe », la définition suivante : « en matière de conditionnement, doit être entendu comme synonyme de réaction. » [13] Selon lui, cette réaction se présente comme une « activité

11. BASTIEN, H. *Psychologie de l'apprentissage pédagogique*, Editions des Frères des Ecoles chrétiennes, Ottawa 1951, p. 78.
12. *Idem*, p. 79.
13. LE NY, J. F. *Op. cit.*, p. 166.

de l'organisme dont l'apparition est déterminée par une modification du milieu externe ou interne »[14]. S'agit-il d'une modification durable ou momentanée ? S'agit-il d'une acquisition nouvelle et mobile, avec possibilité de généralisation et de transposition, ou d'une rétention rigide et d'une fixation aléatoire ? Tel est le problème ! Car aussitôt qu'elle devient « durable », nous nous retrouvons avec notre explication de l'apprentissage structural. Dès lors, il n'y aurait plus de raison de s'inquiéter au sujet d'une acquisition de la connaissance par simple conditionnement : la performance serait aussitôt synonyme d'apprentissage. Par contre si la modification est de courte durée, malgré tous les renforcements utilisés et si elle ne fait pas intervenir l'activité interne du sujet, alors nos inquiétudes seront fondées. Or, comme nous le prévoyons, l'acquisition d'un réflexe, « en matière de conditionnement », est insuffisante pour favoriser la compréhension d'une notion, donc pour provoquer une conduite nouvelle durable. Autrement dit, entre la performance et l'apprentissage, il y a un grand fossé que seule l'activité propre et structurante du sujet pourrait franchir. Mais encore faut-il savoir si cette activité peut combler le fossé une fois le conditionnement réalisé. Autrement dit est-ce que le sujet peut s'adapter à la conduite nouvelle avant de l'avoir assimilée, et en y étant tout simplement conditionné ? Ceci est plutôt difficile car pour qu'il y ait adaptation il faut nécessairement une assimilation de départ, équilibrée par l'accommodation. Or nous prévoyons que l'assimilation ne peut entrer en jeu en cas d'interférence d'automatismes car les deux activités, au lieu de se coordonner, vont plutôt provoquer une situation conflictuelle. Si le réflexe est lui-même une activité, interviendra-t-il dans le sens de l'activité schématisante et assimilatrice ou la neutralisera-t-il ? Pouvons-nous admettre telle quelle, cette explication de la psycho-

---

14. *Idem*, p. 165.

logie objective et réflexologique, étant donné les dernières découvertes de la psychologie génétique ?

Tout d'abord, et toute notre bonne volonté y aidant, nous ne pouvons guère délaisser l'aspect sémantique du terme « réflexe ». « En français, la notion de « réflexe » véhicule un certain nombre de significations adventices qui défigurent la traduction (russe) : elle désigne un phénomène automatique, mécanique, qui se produit « indépendamment de la volonté » et, du moins au moment de sa production, de la conscience ; c'est de plus un phénomène segmentaire qui, par définition, ne met pas en cause l'organisme total, et ne comporte que la mise en branle des trois partie du fameux arc. » [15] En nous rappelant que nous nous intéressons uniquement — pour le moment du moins — à l'apprentissage scolaire, nous ne pouvons enmpêcher — monsieur Le Ny a beau le nier — que le terme de réflexe véhicule toute cette automatisation. Par ailleurs la situation scolaire, n'est qu'un cas particulier de l'apprentissage en général: ce que nous trouvons à son niveau, nous pouvons le généraliser en conclusion. Aussi considérons-nous l'automatisation comme cette méthode d'acquisition d'automatismes ou actions du sujet se rapprochant, dans leur régularité et conformisme, des actes réflexes et habituels. Les sujets entraînés à cette méthode obéissent à un « mécanisme » qui leur permet de trouver toujours, et de la même invariable façon, les réponses au même genre de problèmes. Ils perdent, par là-même, tout esprit d'initiative et sont désorientés face à une situation légèrement différente de la problématique à laquelle ils ont été conditionnés et qu'ils résolvaient machinalement. Piaget ne nous rappelle-t-il pas, à ce sujet, qu' « un conditionnement est par nature temporaire, s'il n'est pas « confirmé ». De même des associations présentent ce remarquable caractère commun d'être instables et, « dans la mesure ou celles-ci sont

---

15. *Idem*, p. 2.

schématisées, c'est-à-dire où elles acquièrent une organisation comportant un certain aspect de régulation conservante »[16].

Or en éducation, l'automatisation permet de « dresser » ou « conditionner » les sujets selon le fameux schéma S-R. Ce qui favorise une rétention immédiate — mais momentanée et inutilisable — et une « transmission » de la connaissance dans le sens traditionnel du terme : acquisition de performances et d'habileté rapide... Pourtant les enfants sont capables « d'acquérir » la connaissance et de s'instruire par eux-mêmes sous la direction du maître : avant la performance et plus que l'agilité et l'habileté, c'est la compréhension qui nous intéresse. Nous savons par ailleurs, psychologiquement et épistémologiquement, que cette compréhension réclame, de la part du sujet, une activité non seulement conditionnée mais surtout structurante et équilibrante. Celui-ci accommode, mais assimile et équilibre également, fonctions introuvables, au niveau de l'organisme qui répond à un signal, *par répétitions et renforcements* : la réponse devient automatique et mécanisée ; et dès que la force du signal cesse, ou aussitôt après, elle s'éteint. Nous admettons que toute activité ou tout comportement (cognitif entre autres) soit une réponse à un signal ou un besoin (désir d'apprendre entre autres), mais nous ne pouvons pas admettre un lien nécessaire et suffisant entre cette activité et le renforcement, du moins pas dans une perspective génétique. Car qui dit genèse dit évolution et qui parle d'évolution introduit par le fait même une succession intégrative de structures. Or pour que cette intégration ait lieu il faut nécessairement une reconstruction — de la part du sujet qui apprend — de ce qui a été préalablement acquis. Cependant, lorsque le pré-requis s'est installé par simples renforcements extérieurs (au sens strict du terme) et répétitions successives, les schèmes

---

16. BERLYNE, D. E. et PIAGET, J. *Op. cit.*, p. 118.

nécessaires à l'assimilation recognitive, reproductrice et généralisatrice sont absents et ne peuvent guère se restructurer, avant de s'être structurés. Voilà pourquoi *les mécanismes du conditionnement*, entrant en jeu avant l'assimilation, *vont perturber le développement cognitif.* Comme nous l'avons déjà présenté, ce genre d'apprentissage pourrait réussir (et encore) au niveau d'une expérience physique. Mais, le développement cognitif (soit des structures de la pensée) se base aussi et surtout sur des expériences du type dit logico-mathématique. Or il y a un net parallélisme entre les structures de la pensée et les structures logico-mathématiques, aussi, « l'apprentissage-conditionnant » va-t-il échouer à ce niveau. Et la théorie du conditionnement, pour séduisante qu'elle soit, reste contestable : « Le conditionnement aboutit à la formation d'une liaison fonctionnelle nouvelle, mais de caractère temporaire, entre excitant et réaction. »[17] Cette affirmation, transposée sur le plan de la connaissance, révèle qu'une nouvelle acquisition résultant d'un tel entraînement est de courte durée, donc ne constitue pas un vrai apprentissage (au sens large du terme) : il favorise le développement de l'aspect figuratif de la pensée, étant donné que les renforcements externes permettent l'apparition de renforcements internes qui entraînent parfois la motivation à apprendre. Nous aurons d'ailleurs à le prouver longuement dans notre partie expérimentale. Retenons pour le moment que l'aspect opératif est *rarement* et indirectement impliqué dans pareilles situations.

Piéron, dans son dictionnaire de psychologie, définit l'apprentissage comme une modification adaptative du comportement au cours d'épreuves répétées, sans expliquer le processus d'adaptation, ou les mécanismes de ces épreuves. Aussi parle-t-il d'un processus d'acquisition

---

17. DE MONTPELLIER, A. *Le conditionnement et l'apprentissage*, Editions des Presses Universitaires de France, Paris 1958, p. 108.

mnémonique qui s'applique à la constitution de toute habitude (réduisant presque par là l'apprentissage à une habitude). Néanmoins, la mémoire ne conserve pas tel quel, le souvenir : elle le construit compte tenu du schématisme à sa disposition. Et un acte, avant de devenir habitude, a passé par un stade d'acquisition qui n'est pas le fruit du pur hasard. Mais nous ne pouvons guère accepter la réduction de l'apprentissage à des habitudes. D'autant plus qu'un mouvement habituel devient inévitablement automatique. Or l'organisme ne se contente pas de réagir d'une manière automatique à des stimuli complexes : il en saisit le sens et en apprend la signification en vue de s'adapter et de se réadapter. Il est probable qu'après adaptation il y réponde par habitude, c'est-à-dire automatiquement, mais ceci reste aléatoire avant l'acquisition de la nouvelle conduite et sa fixation en tant qu'habitude. Il en est de même sur le plan de la pensée : il est possible qu'un sujet — après avoir cherché par divers moyens à résoudre un type de problème — retienne la solution la plus simple et l'utilise comme « truc » à chaque fois qu'il se trouve dans la même situation. Mais avant d'avoir découvert ce truc, donc avant de s'être adapté à la situation, une activité schématisante et équilibrante s'était mise en branle pour surmonter le déséquilibre causé par la situation-problème.

Si, comme nous le comprenons généralement, l'automatisation est le caractère de ce qui échappe à la volonté, la connaissance automatisée avant d'être assimilée est un « insight », une connaissance immédiate mais temporaire aussi. Or, généralement, toute connaissance est plutôt médiate, elle se construit grâce à certains mécanismes et à l'intervention de plusieurs facteurs. Nous pouvons donc dire que normalement, une activité (ou une connaissance) apprise et répétée fréquemment devient une habitude, donc une réponse automatique ; mais pour qu'elle soit apprise, une structuration assimilatrice et accommodatrice est nécessaire. Aussi, faut-il admettre que si l'automatisme intervient avant l'acquisition, celle-ci reste incomplète, de courte durée, et inapte à évoluer. Toutefois, avant de vérifier expérimentalement cette position, voyons ce qu'en dit monsieur P. Janet...

Nous nous référons à lui parce qu'à notre connaissance, il est le seul auteur à avoir analysé l'utilisation possible de l'automatisme (en psychologie et en thérapie). Nous nous voyons donc obligée, dans cette partie théorique, de nous contenter de poser des questions : les réponses et affirmations apparaîtront dans l'analyse des résultats expérimentaux.

« D'une manière générale, nous appelons automatique l'activation d'une tendance inférieure qui échappe au contrôle des tendances supérieures, et surtout la provocation d'un assentiment immédiat à la place d'un assentiment *réfléchi*. »[18] C'est en ces termes que le docteur Janet essaie d'introduire l'automatisation. Or il poursuit, un peu plus loin en ajoutant : « Je reconnais même que les actes ainsi exécutés ont des défauts réels : n'étant pas réfléchis, ils sont moins bien adaptés à la réalité, à la situation présente ; ils sont moins bien assimilés à la personnalité ; ils laissent peu de souvenirs et servent peu à l'édification de la personne. »[19] Autrement dit, si nous admettons que le conditionnement — sur le plan de l'acquisition de la connaissance — entraîne la formation d'automatismes avant la compréhension, nous sommes à même de constater d'après l'explication médico-psychologique du docteur Janet (l'expérience aura à le prouver, ou non, ultérieurement), que mal assimilée, la connaissance automatisée laisse peu de souvenirs, et est inutile au développement. Nous dirons même plus, les mécanismes d'automatisation précoce entravent le développe-

18. JANET, P. *Médecine psychologique*, Editions Flammarion, Paris 1968, p. 106.
19. *Idem*, p. 131.

ment puisqu'ils entrent inévitablement en conflit avec les mécanismes d'assimilation : l'équilibration ne peut être établie. Car qui dit automatisme dit fonctionnement immédiat, « qui marche tout seul. L'étymologie nous le rappelle : autos, en grec, veut dire moi-même » [20]. Ce fonctionnement est toujours déclenché par le même genre d'excitation (stimuli) et se déroule sans variation aucune ; sinon, il ne serait plus « automatique ». Or la relation sujet-monde extérieur, ne se présente pas toujours identique à elle-même, et les stimuli de cet univers ambiant varient en même temps que se modifie « l'organisme récepteur ».

Toutefois, nous ne considérons pas l'automatisation précoce au sens d'acquisition d'automatismes à un stade génétiquement précoce. Mais — dans une situation scolaire tout particulièrement — sachant que l'enfant est capable, à un niveau donné, d'élaborer par lui-même différentes notions du programme scolaire, nous l'automatisons avant qu'il comprenne. Nous le conditionnons à une « connaissance » avant qu'il n'essaie de la construire par lui-même. Il s'agit donc d'automatismes fixés avant l'assimilation de la nouvelle notion (à quelque niveau que ce soit) dont nous nous proposons de préciser la portée et les effets. Que va-t-il en résulter ? Nous avons pensé à la possibilité des cas suivants :

— L'automatisation précoce peut avoir un effet positif : elle peut accélérer l'assimilation ultérieure et favoriser la compréhension. Dans ce cas, quelles seraient les conditions qui forcent « l'apprenti à y recourir ?

— L'effet peut être nul, dans ce sens que les automatismes ne sont d'aucune utilité pour la compréhension. Mais se transformeront-ils génétiquement dans le souvenir ?

---

20. DEVAUX, P. *Automates, automatismes et automatisation*, Editions des Presses Universitaires de France, Paris 1967, p. 37.

— L'effet peut être négatif, dans ce sens que l'assimilation et la compréhension sont entravées par la formation d'automatismes. De quels automatismes s'agit-il alors ?

Or une variété de situations scolaires et d'arguments vérifie de prime abord, l'éventualité de l'un ou l'autre de ces trois cas. Mais rien ne peut être infirmé ou confirmé avant l'analyse des résultats expérimentaux. D'autant plus que nous ne pouvons guère nous référer à des probabilités déjà établies au niveau de l'école, puisque nous n'avons pas pu trouver une œuvre de références (pédagogique ou psycho-pédagogique), traitant de ce sujet... D'ailleurs voici quelques situations problématiques qui marquent le bien-fondé de la triple possibilité envisagée précédemment :

— Nous avons tous été condamnés à automatiser sans assimiler, à un moment ou l'autre de notre vie scolaire ; dans certains cas même, les nouvelles notions étaient comprises une fois seulement les automatismes formés, nous semblait-il. Si les automatismes n'ont aucun effet sur l'assimilation, qu'en adviendra-t-il ultérieurement?... Cette situation fait problème, car nous savons que ce qui est mémorisé se transforme génétiquement. Comment se fait-il alors que les automatismes ne peuvent pas évoluer au sein du souvenir ? A-t-on le droit de rejeter a priori, une transformation génétique des automatismes ?

— D'autre part, nous avons pu remarquer, dans quelques classes opératoires observées, que les enfants ont tendance à créer des automatismes en cours d'apprentissage, alors qu'ils ont tout le temps pour élaborer activement les notions à acquérir. Est-ce un truc auquel ils ont appel pour avoir plus vite la réponse ? Ou un moyen rapide pour l'assimilation de l'acquis ? Ou bien, est-ce, pour l'enfant, un produit naturel de l'assimilation qui tend à généraliser et que les éducateurs considèrent comme un mécanisme « aveugle » ? Répondre au désir de ces enfants et stéréotyper les réponses, leur rendra-t-il service ? Ou bien si l'automatisation permet une compréhension immédiate, n'empêchera-t-elle pas par la suite, la généralisation, et à plus forte raison le transfert ?...

— Enfin, au cas où l'enfant automatise sans comprendre, deux possibilités sont à envisager :

Ou bien la notion n'est pas assimilée du tout, (le sujet s'accommode à l'information) ;

Ou bien l'enfant l'a assimilée en la déformant, (le sujet n'est pas arrivé à équilibrer l'assimilation et l'accommodation).

Dans cette alternative, nous restons toujours face à un sérieux obstacle quant à l'élaboration de la connaissance. Comment distinguer dès lors, les automatismes assimilables de ceux qui ne le sont pas ?

En somme, c'est l'étude des effets de l'automatisation précoce qui nous aidera à mieux comprendre l'éventualité de chaque cas. D'autant plus que nous constatons, à l'encontre de ce que nous venons d'avancer, que dans bon nombre de cas, les enfants n'aiment pas automatiser et réagissent violemment quand ils ne comprennent pas... Comment expliquer ces situations contradictoires ? Dans quelles conditions les enfants font-ils appel à l'automatisation pour comprendre ? Autrement dit, l'automatisation est-elle d'un effet négatif avant toute élaboration active du sujet ?...

Nous pensons que la réponse à ces problèmes sera trouvée une fois établie l'analyse des effets de l'automatisation précoce...

Il va sans dire qu'une telle étude — en rejetant l'automatisation comme soutien de la compréhension, ou en lui donnant sa juste valeur — est d'une grande importance pour l'école.

C — Hypothèse de travail

Selon nous, *l'automatisation précoce, dans l'acquisition mécanique des connaissances, entrave la généralisation et le transfert, nuisant par là au développement de l'enfant et retardant son autonomie...* D'autant plus qu'à l'origine tout apprentissage postule une motivation dont la triple portée est de soulever l'intérêt, susciter le désir d'apprendre et orienter l'effort vers un but précis : « L'homme n'apprend que parce que la vie lui impose des problèmes à résoudre »[21] Quant aux étapes de cet apprentissage, elles se présentent généralement comme suit :

   a) la réception des impressions sensibles

   b) l'assimilation et l'organisation du savoir dans l'intelligence

   c) l'usage du savoir acquis[22].

Toutefois, l'apprentissage ne peut s'effectuer en dehors d'un but à atteindre correspondant au besoin qui le suscite. « Quand il y a intérêt véritable, c'est que le moi s'identifie avec une idée ou un objet (nous rapporte Dewey dans son ouvrage « L'Ecole et l'Enfant »), c'est qu'il a trouvé dans cet objet ou dans cette idée le moyen de s'exprimer. »[23] Dans cet essai sur l'intérêt et l'effort, Dewey — poussant ses analyses jusqu'au bout tout comme Claparède d'ailleurs — montre et démontre que ces deux mouvements ne se contredisent pas mais se complètent plutôt : « L'effort conçu comme une tension de la

---

1. BASTIEN, H. *Op. cit.*, p. 84.
2. *Idem*, p. 86.
3. FERRIERE, A. *L'école active*, Editions Delachaux et Niestlé, Neuchâtel 1953, p. 35.

volonté vers ce qui manque d'intérêt est une anomalie. »[24] L'intérêt est ainsi considéré comme la satisfaction ressentie face à une idée (ou un objet) agréable, capable d'attirer et de centrer l'attention ; alors que la motivation est généralement cet ensemble de motifs (causes pour lesquelles un acte est posé) ou de mobiles (éléments d'ordre affectif, stimulateurs de l'activité) considérés comme les raisons stimulant le désir d'apprendre. . Aussi, et pour que l'apprentissage réussisse, faut-il savoir susciter, aviver et maintenir cette motivation.

Nous pouvons alors conclure avec Piaget « qu'un même schème d'assimilation peut être simultanément source de besoins ou d'intérêts et de connaissance, en tant qu'il comporte simultanément une dynamique et une structure. »[25] C'est ce qui explique d'ailleurs pourquoi un renforcement, en apparence externe, peut favoriser la réussite de l'apprentissage : il est inévitablement accompagné d'un renforcement interne tributaire de l'intérêt et de la motivation. Si des automatismes entrent en jeu avant la mise en branle du dynamisme, ils sont bien capables de l'anéantir, de le neutraliser ou bien de créer une situation conflictuelle. Si ni l'un ni l'autre de ces résultats ne se produit, la seule explication plausible est que les schèmes d'assimilation l'ont emporté sur les automatismes précocement acquis, et la situation conflictuelle est surmontée par le sujet en apprentissage au profit de l'équilibration. Ceci nous explique pourquoi il est possible de déceler — avec un certain retard — la possibilité d'une acquisition nouvelle, même en cas d'automatisation précoce. Quand retrouvons-nous ce genre de phénomène ? C'est l'expérience qui nous le révélera. Ce qui ne contredit aucunement notre hypothèse, mais la confirme plutôt.

Par ailleurs, si l'acquisition d'une nouvelle conduite

---

24. *Idem*, p. 36.
25. PIAGET, J. *E.E.G.*, tome VII, *Op. cit.*, p. 31.

(ou d'une nouvelle connaissance) relève de l'activité du sujet, son utilisation et sa conservation en sont également tributaires. Nous avons vu préalablement (cf. première partie du présent chapitre) que deux des critères d'évaluation d'une conduite nouvelle et d'une acquisition durable sont la possibilité de généralisation et le transfert. Or « l'associationnisme, renouvelé par la conception pavlovienne de la généralisation, cherchera la justification du transfert et de la généralisation selon le mode empiriste d'une simple extension des ressemblances entre les objets ou de contiguïté entre les points de stimulation auxquels ils correspondent en tant que stimuli : ainsi conçue, la généralisation serait donc imposée au sujet par les liaisons extérieures, l'activité du sujet se bornant, en fonction de ses motivations stimulantes, à enregistrer des ressemblances données objectivement. L'hypothèse de l'activité assimilatrice consiste au contraire à admettre que le sujet ajoute certaines liaisons ou certaines modalités objectives, de manière précisément à établir puis à comprendre leur objectivité » [26].

En effet, le sujet ajoute des liaisons, les renforcements externes n'étant pas suffisants, ce qui sous-entend une capacité de généralisation tributaire de l'activité coordinatrice et hiérarchisante. Cette activité s'enrichissant, de nouvelles modalités sont introduites, favorisant une nouvelle structuration que nous pouvons appeler transfert : « A côté des généralisations que l'on peut appeler inclusives et qui se bornent à inscrire les données dans des cadres tout faits, il faut donc distinguer une généralisation constructrice qui engendre les structures opératoires ou nécessaires et dans laquelle l'apport du sujet est considérable encore. » [27]

Ainsi la nouvelle conduite s'acquiert, grâce à tout un processus d'élaboration et de structuration ; et si cette

26. *Idem*, p. 33.
27. *Idem*, p. 34.

acquisition se réalise en cas d'automatisation précoce, se conserve-t-elle dans le souvenir ? D'après notre hypothèse — et l'exception qui la confirme — une situation conflictuelle va en découler. Les sujets ne vont pas retenir telle quelle la notion à laquelle ils ont été conditionnés ; leur schématisme va la reconstruire à partir de la situation conflictuelle de départ ; quel serait alors le pourcentage de réussite ? quel serait la nature de la connaissance? Nous retenons — conformément à notre hypothèse de travail — le fait que lorsque les automatismes s'intercalent avant la mise en branle de l'activité constructive (et surtout avant le rétablissement de l'équilibre) ils entravent aussi bien l'acquisition de la nouvelle conduite que sa conservation et son évolution dans le souvenir. Ceci d'autant plus que la conservation elle-même relève également de l'activité propre du sujet. « La conservation n'est pas en effet assurée automatiquement par l'acquisition, elle ne dépend que de l'activité exercée par l'agent pendant l'acquisition... Nos expériences, écrit Smirnov, montrent que l'activité intellectuelle consistant à chercher activement la réponse d'un problème peut servir de base à la rétention mnémonique spontanée. Elles montrent d'autre part le rôle joué par le caractère de l'action, au sein de laquelle a lieu la rétention mnémonique qui dépend de l'action accomplie par le sujet... Ce qui importe surtout, c'est le degré de l'engagement actif du sujet dans l'action »[28]. Cette affirmation confirme et consolide nos prévisions, quant aux résultats des sujets repris un mois ou six mois après l'expérimentation propre : les sujets conditionnés et soucieux de performances ne vont pas retenir grand-chose de ce qu'ils avaient appris au préalable ; et s'ils s'en souviennent, cela ne relève sûrement pas des mécanismes du conditionnement,

28. COUSINET, R. *Pédagogie de l'apprentissage*, Editions des Presses Universitaires de France, Paris 1959, p. 123.

mais plutôt de l'activité du schématisme qui aurait prédominé.

Nous comprenons maintenant pourquoi nous devons essentiellement dissocier la simple performance de l'apprentissage, au sens large du terme, et de l'apprentissage scolaire en particulier. Nous comprenons aussi pourquoi un apprentissage-conditionnant est non-équilibrant. Basé sur des renforcements purement externes (positifs ou négatifs) et malgré l'éventuelle présence de renforcements internes, il est insuffisant, voire même néfaste, dans le déroulement du processus d'acquisition de la connaissance. Une application automatisée et stéréotypée de « recettes » peut réussir surtout au niveau de la rapidité dans l'effectuation des opérations. Mais qu'en restera-t-il à la longue, puisqu'elle est sans signification pour le sujet? Elle se base sur la mémorisation, dira-t-on, et exclut tout raisonnement en la remplaçant par des automatismes. Or, même la mémorisation nécessite une activité constructive que les automatismes ne pourraient qu'entraver. Par contre, nous ne pouvons pas savoir si cet effet varie génétiquement. Toutefois, notons qu'il est normal qu'une conduite acquise devienne une habitude, et qu'en conséquence, les automatismes et renforcements soient utiles, voire même nécessaires une fois l'équilibration rétablie ; ceci rien que pour l'économie du temps et les énergies à déployer.

Par ailleurs, la conservation du souvenir s'appuie sur celle des schèmes sensori-moteurs, d'habitude et d'intelgence, et se complète par une reconstruction utilisant les schèmes actuellement en exercice. Il s'ensuit que l'activité structurante peut entrer en jeu même dans la conservation du souvenir : nette évolution des souvenirs avec âge, selon le niveau opératoire des sujets et les schèmes dont ils disposent.

Les conclusions sur la mémoire montrent que tout en assimilant le modèle à ses schèmes opératoires

(en progrès continu avec l'âge) le sujet est aux
prises avec des difficultés systématiques qui s'accen
tuent et renforcent la situation conflictuelle avan
d'être surmontées vers l'âge de 8-9 ans. Ainsi, au
lieu d'assurer la fidélité au modèle, le souvenir s'or
ganise à ce niveau dans le sein d'une solution illuso
re du problème ; la rétention du souvenir s'oriente don
vers une liquidation du conflit plus que vers une amélio
ration de l'adéquation du souvenir au modèle. Le souve
nir est moins centré sur une rétention pure que sur l
rétention tributaire du schématisme individuel. (Ce qu
explique, en grande partie, que la connaissance acquis
par « dressage » est un « insight »). Après six mois ou
plus, le souvenir est encore subordonné à l'élaboratio
des opérations permettant de lui conférer une significa
tion. Il s'améliore après sa fixation : ce qui montre qu
ce n'est pas seulement l'aspect figuratif qui entre en jeu
Le schème opératoire y joue un rôle primordial, car plu
on s'éloigne de la présentation initiale, plus l'influenc
de l'aspect figuratif s'amenuise cédant la place à l'actio
des structures logiques sous-jacentes et disponibles.

Si tel est le cas, que va-t-il advenir des automatismes
Se transformeront-ils eux-mêmes ou entraveront-ils l
transformation même du souvenir ? C'est ce que nou
révélera l'expérimentation. Mais avant de passer à cett
deuxième partie du travail, il serait intéressant de rel
ver, en une dernière phase, « les notions » (à acquérir c
à transmettre) que nous avons choisies pour vérifie
notre hypothèse sur le rôle de l'automatisation précoc

D — Types de situations et choix de notions adéquat

Une problématique se pose à nous dès le dépar
comment savoir que l'acquisition de structures logiqu
correspond à un processus donné d'apprentissage ? l

surtout, comment s'assurer que *l'automatisme utilisé dans certains types d'apprentissage n'est pas « compris » avant d'être appliqué ?*

Il est difficile de s'attendre à ce qu'une seule expérience soit décisive, et à ce qu'elle éclaircisse totalement le problème. Elle pourrait quand même apporter quelques arguments valables, ouvrir de nouvelles voies d'explication, surtout si elle se présente de façon pluraliste, à plusieurs niveaux et de diverses façons. Voilà pourquoi nous avons décidé de choisir quatre situations expérimentales bien différentes et quatre notions mathématiques à enseigner à divers niveaux scolaires. C'est ainsi que nous nous sommes décidée à tenir compte de la variable « âge » (lorsque la situation expérimentale est identique), et de la variable « situation expérimentale » (lorsque le niveau de développement mental est le même). Autrement dit nous nous intéressons à quatre niveaux scolaires auxquels nous voulons enseigner quatre notions nouvelles, et nous tenons à connaître l'effet de l'automatisation précoce à chacun de ces niveaux ; mais nous ne pouvons pas tenir compte simultanément de toutes les variables qui peuvent entrer en jeu. Aussi choisissons-nous respectivement, deux niveaux scolaires, pour chacun des stades concret et formel. A chaque stade nous optons pour une notion qui — selon toute probabilité — ne relève pas de ce qui a été acquis jusqu'à présent (n'est donc pas tributaire d'automatismes, de « trucs » et d'habitudes déjà établis) ; et d'autre part pour une notion qui, tout en étant nouvelle, relève en grande partie du pré-acquis (donc est étroitement liée à des habitudes et « plis » déjà pris). Après quoi, nous étudions l'effet varié de l'automatisation précoce, dans chacune des quatre situations.

En somme :

a) nous nous intéressons tout d'abord au processus d'acquisition d'une notion nouvelle où le pré-acquis n'entre guère (du moins pas directement) en considération, et où le problème d'automatisme déjà fixé ne se pose point. Notre choix s'est porté sur « la loi des partages » qui fait partie intégrante des mathématiques sans figurer, pour autant, dans les manuels scolaires. « Cette loi a l'avantage d'être fort simple : la relation de n à (n-1) est de nature proprement numérique, alors que sa nécessité est tirée des rapports spatiaux entre les coupures et les parties. »[29] Piaget avait exploité ce genre de questions et l'avait plus ou moins expérimenté au niveau de sa problématique sur l'ordination et la cardination[30]. Les résultats de Piaget, comparés à ceux de l'expérience de Morf, révèlent que la loi de partition est généralement découverte par des sujets de 7-8 ans. Voilà pourquoi, un entraînement approprié y aidant, nous supposons que des enfants au début de deuxième année (ou en fin de première année) sont capables de comprendre, voire même de découvrir la loi par eux-mêmes. Cette possibilité se maintient-elle en cas de « dressage » ? Dans quel sens interviendront alors les automatismes ? Nous laissons à l'expérimentation le soin de vérifier ce fait : *quel sera le rôle des automatismes dans l'acquisition d'une notion qui n'a guère été abordée au préalable par des enfants de 7-8 ans ?*

b) Par ailleurs, comment s'acquiert une notion, basée sur un pré-requis déjà établi et qui — tout en relevant d'un niveau formel — peut être abordée et préparée dès le niveau des opérations concrètes ? Dans ce cas, la notion sélectionnée n'est pas parascolaire. Elle ne se trouve pas non plus dans les manuels des classes primaires. C'est « la règle des signes ». Elle est généralement enseignée au stade formel, au niveau de l'algèbre, et se trouve prépa-

---

29. GRECO, P. et MORF, A. *E.E.G.*, tome XIII, Editions des Presses Universitaires de France, Paris 1962, Chapitre III, p. 106.

30. PIAGET, J. et SZEMINSKA, A. *La genèse du nombre chez l'enfant*, Editions Delachaux et Niestlé, Neuchâtel 1941, p. 174.

rée de façon très rudimentaire dans certaines classes primaires. Mais pourquoi ne pas l'y introduire carrément en l'adaptant au niveau du développement des sujets, soit sous forme de multiplications logiques, d'inversions et de doubles inversions ? Car, pour que l'étudiant du cycle secondaire s'adapte plus facilement au mécanisme formel, et pour qu'il comprenne mieux la signification de l'algèbre (et de cette règle en particulier), il serait bon de le préparer dès le niveau des opérations concrètes. Cela est-il possible dans le cas présent, c'est-à-dire enseigner la *règle des signes* au niveau primaire ? Si oui, comment jouera l'automatisation précoce dans une telle situation, l'enfant étant déjà habitué à reconnaître des nombres de signes différents et à manipuler l'opération multiplicative ?

Or les études et recherches de Lydia Muller ont abouti à une possibilité de compréhension (qualitative et concrète) de la règle des signes dès l'âge de 8-9 ans : « La réversibilité n'étant atteinte qu'à partir de l'âge de 7-8 ans sur le plan concret, et de 11-12 ans sur le plan formel, l'enfant ne semblait pas pouvoir saisir la règle des signes dans son ensemble avant d'avoir atteint 7-8 ans... si toutefois celle-ci lui était présentée sous forme de jeu et faisant intervenir des notions qui lui seraient accessibles... »[31] Non seulement les enfants « jouent » la règle des signes, mais ils en découvrent certaines propriétés et « opèrent » concrètement dessus, comme nous allons le voir dans notre partie expérimentale.

Nous basant sur toutes les études psychologiques et épistémologiques faites à ce sujet par Piaget et ses collaborateurs, nous fiant aux recherches de Muller et surtout à l'introduction des mathématiques modernes (depuis

31. MULLER, L. *Recherches sur la compréhension des règles algébriques chez l'enfant*, Editions Delachaux et Niestlé, Neuchâtel 1956, p. 23.

près de deux ans) au niveau primaire, nous avons décidé de vérifier ce phénomène avec des enfants de 9-10 ans environ, c'est-à-dire avec des classes de 4e année. Les enfants savent déjà plus ou moins bien ce que sont les nombres positif et négatif, ils sont également familiers avec les opérations dites de base, telle l'addition, la soustraction et la multiplication. Ils ont donc déjà un certain pré-requis d'automatismes, une batterie d'habitudes qui, bien que ne portant pas directement sur la règle des signes, facilitent son acquisition. *Est-ce qu'une automatisation précoce, aidée de ce « préalable » favorisera l'acquisition de la règle des signes au stade des opérations concrètes ?* Quel rôle vont alors jouer les automatismes ? Or, le maniement de l'opération inverse équivaut à une généralisation du nombre négatif dans la règle des signes. Cette règle est dominée dès le début des opérations concrètes. Elle appartient, par ailleurs, à la multiplication qui, semble-t-il, ne peut se définir qu'à partir de l'addition. Toutefois, un exemple d'exercices additifs consiste en une inversion de l'inversion, dans l'ordre ; par contre, la multiplication considère nécessairement deux facteurs en même temps. Aussi l'exercice multiplicatif devrait-il partir des propriétés mêmes de la multiplication logique plutôt que de celles d'une addition itérée.

c) Par la suite, en transposant la distinction entre la situation a et b sur le plan formel, nous nous interrogeons sur l'éventuel rôle de l'automatisation précoce : interviendra-t-elle dans le même sens, indépendamment de l'âge des sujets ? Variera-t-elle d'une situation à l'autre comme au niveau des opérations concrètes ? Pour arrêter notre questionnement, nous avons choisi une notion qui, tout en étant comprise au programme, est présentée vers la fin du secondaire.

Nous l'avons préparée pour un niveau scolaire où les sujets n'ont pas encore acquis la « routine » de la formalisation, mais où ils sont déjà capables de « pensée combinatoire » Cette situation se rapproche beaucoup, dans son mécanisme, de la situation (a), mais se présente à un niveau fonctionnel de structuration supérieure. Est-ce que l'automatisation précoce y jouera le même rôle ? Sinon, quels seraient les effets des automatismes fixés avant l'assimilation, par des sujets qui ne sont pas encore habitués à cet entraînement formel ? C'est ce que nous apprendrons en analysant les résultats des sujets de 6e année (10-12 ans) à qui nous comptons enseigner la notion de *Permutation*. « Les opérations de combinaison sont précisément des opérations à la deuxième puissance ; les permutations sont des sériations de sériations... »[32] Et « tout se passe comme si les opérations combinatoires constituaient un schème opératoire assez général à partir d'un certain niveau de développement (stade III A, soit vers 11-12 ans) ; un schème, c'est-à-dire une manière de procéder ou une méthode qui est tantôt adoptée spontanément en l'absence même de décision consciente ou explicite, et tantôt employée intentionnellement en présence de problèmes dont la solution exige un tableau systématique de combinaisons : ce schème est de nature formelle et non pas concrète »[33].

C'est précisément cette combinatoire exhaustive que nous comptons vérifier au niveau de notre enseignement de la *permutation* à des enfants de 6e année primaire, sans nous attendre à trouver avec eux la factorielle (n!) ou d'autres propriétés systématiquement supérieures. La découverte de la définition, la loi et la formule nous suffiront amplement à ce niveau. Qu'en adviendra-t-il en cas d'automatisation précoce ?

d) Nous nous posons la même question lorsque nous comparons la situation b à une situation similaire au

---

32. PIAGET, J. et INHELDER, B. *De la logique de l'enfant à la logique de l'adolescent*, Editions des Presses Universitaires de France, Paris 1955, p. 223.
33. *Idem*, p. 277.

niveau formel. Et nous sommes tout autant intéressée à en connaître les effets. Est-ce que le pré-requis, aidé de l'automatisation précoce, va avoir le même effet avec les enfants du stade concret et formel ? C'est ce que nous apprendrons en testant l'enseignement d'une notion nouvelle étroitement liée au pré-requis des sujets de 12-13 ans. Nous avons opté pour « les proportions » et plus particulièrement pour *l'équivalence des rapports*, que nous comptons expérimenter auprès des élèves de 7e année. Or, « une proportion est un rapport entre rapports. Pour comprendre un rapport de rapports, il faut d'abord comprendre ce que c'est qu'un rapport ; il faut d'abord constituer toute la logique des relations, il faut ensuite appliquer cette logique des relations à la logique des nombres... » [34] Chez les sujets de 10-11 ans, « on observe souvent la recherche d'une même relation au sein de deux relations comparées entre elles, mais cette même relation est conçue comme étant de nature additive : au lieu de la proportion $\frac{P}{P'} = \frac{L'}{L}$, on aurait ainsi une égalité des différences P-P' = L'-L. La formation de l'idée de proportions suppose donc d'abord qu'aux simples relations de différence soit substituée la notion de l'égalité des produits P.L = P.L' » [35].

Or, comme nous venons de le voir, la construction de relation entre relations n'est pas possible avant la construction formelle. Mais elle est déjà préparée par les notions de fraction et de rapport. Donc certaines habitudes sont déjà prises, certains automatismes acquis, puisque les enfants commencent à apprendre ces notions dès la 4e année primaire (nous ne parlons ici que des mécanismes utilisés après compréhension). Dans ce cas,

---

34. PIAGET, J. *La vie et le temps*, Editions La Baconnière, Paris 1962, p. 37.
35. PIAGET, J. et INHELDER, B. *De la logique de l'enfant à la logique de l'adolescent, Op. cit.*, p. 154.

et *l'automatisation précoce y aidant (au niveau de la notion de proportionnalité), quel genre de compréhension va-t-il en résulter ?* La notion de proportionnalité étant déjà au programme, son apprentissage fera nécessairement appel à des habitudes déjà prises : et tout comme dans la situation (b), l'étude des résultats sera très intéressante, quant à l'apport des automatismes fixés avant la compréhension, et à leur éventuelle évaluation au sein du souvenir. Mais ces résultats seront-ils les mêmes ? Tel est le problème que notre étude comparative essayera de clarifier ultérieurement.

Quoique l'expérimentation porte sur une méthode d'apprentissage d'une structure cognitive par l'intermédiaire d'automatismes fixés avant l'assimilation, notre but, est moins la réussite des sujets aux différentes épreuves et l'acquisition de performances, que l'exploration des mécanismes sous-jacents aux résultats et l'approche des différentes sortes de types d'erreurs qui peuvent en surgir. « Sans doute une réussite implique-t-elle la formation et l'utilisation réglée de certaines connaissances. Mais ces connaissances peuvent être de nature et de degrés divers. » [36]

---

36. GRECO, P. *E.E.G.*, tome VII, *Op. cit.*, p. 81.

Partie expérimentale

Le problème se posera enfin, si la règle est, à plus ou moins brève échéance, découverte, de savoir ce que vaut cette connaissance, si c'est une règle empirique « locale » dont la validité est strictement limitée aux conditions observées ; si cette règle est susceptible de généralisation partielle ; si enfin elle présente les caractères de stabilité, de généralité et de nécessité d'une structure logique.

Pierre Gréco

Il est important de savoir si les nouvelles notions sont obtenues par simple association résultant de constats répétés et renforcés, si elles sont « mécanisées » verbalement et stéréotypées, ou si elles sont intégrées opératoirement à partir d'opérations réversibles et associatives ? Ayant déjà déterminé les quatre critères d'évaluation d'une acquisition nouvelle, il serait utile de les retrouver dans les résultats de l'expérimentation, et surtout de relever les différents types d'erreurs appartenant à chacun des procédés d'apprentissage.

Mais qu'est-ce qui, au juste, fait la spécificité de notre recherche ? De nombreuses études portant sur l'apprentissage et la connaissance, sur le conditionnement et l'apprentissage, etc., ont été faites ; et quantité de recherches ont été réalisées sur l'apprentissage en tant que tel. Mais aucune, à notre connaissance, n'a été faite

— même dans les cadres de la pédagogie expérimentale — pour mettre psycho-pédagogiquement en relief la nature, le rôle et les mécanismes de l'automatisation précoce dans l'apprentissage scolaire. Voilà pourquoi nous nous sommes posé la question, à savoir : *quelle différence y a-t-il entre une notion comprise* (assimilée par apprentissage équilibrant) *et une notion retenue* (fixée par conditionnement) ? *Quels sont les mécanismes qui entrent en jeu dans chacun des cas*? Et surtout *de quelle manière interviennent-ils* ?

Comme nous pouvons le constater, une étude comparative s'impose, et une vérification expérimentale se révèle de première importance. A elles deux, elles permettront de connaître :

1. Les types de conduite des élèves selon les méthodes ;
2. la fréquence des réussites ;
3. la possibilité de transfert ;
4. la rétention de l'acquis ;
5. la souplesse des processus de raisonnement.

Description de l'expérience

A — Population

L'expérimentation proprement dite se déroule dans les écoles des commissions scolaires du Mont-Royal et d'Outremont. C'est une population normale d'enfants de milieu socio-économique aisé : les parents appartiennent au niveau moyen supérieur (« upper middle class »), de revenu annuel supérieur à $9,000.00 et de niveau d'instruction universitaire ou collégial. Les classes sont mixtes jusqu'en 4e année (inclusivement) ; celles de 6e et de 7e ne le sont pas. Aussi travaillons-nous séparément, à ces niveaux, avec des filles ou des garçons respectivement âgés de 10-11 ans (6e) et 12-13 ans (7e).

Les classes sont homogénéisées, dès le départ, par l'administration qui établit un dossier complet de chaque élève et lui fait passer un bon nombre de tests pour connaître son quotient intellectuel, ses aptitudes, ses intérêts..., lors des inscriptions et admissions.

Le nombre total de nos effectifs s'élève à 440 enfants. Toutefois, nous ne gardons que 400 dossiers d'élèves, les autres étant incomplets.

B — Plan général

L'expérimentation comporte toujours :

1 — *Un double pré-test* pour vérifier si les sujets sont

au stade mental voulu, mais ne connaissent pas la notion à acquérir.

a — Comme il s'agit d'évaluer les capacités de l'enfant, un contrôle préalable est nécessaire : aussi, le pré-test constitue-t-il dans sa première partie une sorte de méthode d'*investigation de l'opérativité*. Le niveau de schématisation et des structures de raisonnement soustiudes des sujets en cours d'expérience et nous permet de les expliquer ultérieurement. Quoique nos sujets aient été échantillonnés dès leur entrée à l'école et sélectionnés en groupes plutôt homogènes, nous avons jugé utile de vérifier le niveau de leur développement mental (du moins à travers l'une ou l'autre de ses manifestations) ; d'autant plus que notre étude porte sur l'analyse de la schématisation et des structures de raisonnements sous-jacentes aux réponses des sujets, en cas d'automatisation précoce. Dans ce but, nous avons choisi des tests portant sur :

— la conservation du nombre et l'inclusion pour les enfants de 6-8 ans ;
— la conservation de la longueur et l'inclusion pour les sujets de 8-9 ans ;
— la quantification des probabilités pour les élèves de 10-13 ans.

b — La deuxième partie du pré-test porte directement *sur la notion à acquérir*. Comme il s'agit d'entraînement pour une acquisition nouvelle, il est bon de savoir si les sujets ne la possèdent pas au moment de notre intervention. Comment nous assurer de ce fait, et surtout comment vérifier, par la suite, qu'ils l'ont acquise ? Un contrôle, au début et à la fin de l'expérimentation, soit un pré-test puis un post-test, semblent bien choisis pour répondre à cette question, ou du moins pour la clarifier ! Aussi, notre pré-test se présente-t-il dans sa deuxième phase sous forme d'un apprentissage rapide relevant de plusieurs questions-problèmes à résoudre. Car, dans une étude comme la nôtre, nous sommes bien intéressée à savoir si l'enfant persévère dans sa conduite. D'autant plus que l'échec à une question unique peut être dû à un manque d'adaptation à la situation et à ses contingences, tout comme il peut déclencher un apprentissage latent... Car, même si le sujet veut faire appel à des « trucs », il lui faut s'adapter à la situation nouvelle pour lui adapter des trucs adéquats. Il est donc possible que des automatismes interviennent, en cours de structuration, mais avant la réalisation de l'apprentissage en tant que tel. Cette variable se retrouve vraisemblablement à tous les niveaux et dans tous les cas, aussi en tiendrons-nous compte de façon identique dans notre interprétation des résultats.

2 — *Un test,* ou l'apprentissage proprement dit, qui consiste dans l'acquisition — selon diverses approches didactiques — de quelques notions mathématiques. L'analyse comparative des résultats des exercices généraux d'application, terminant la phase d'apprentissage, nous permet de déceler les effets immédiats des différents apprentissages (que les résultats du post-test confirmeront ultérieurement), et nous aide à reconnaître la didactique la plus efficace, tout en nous révélant le rôle des automatismes fixés avant l'élaboration propre et active.

Ce test, qui constitue la troisième partie de l'expérimentation, se présente sous quatre variétés qui nous permettent de distinguer un apprentissage opératoire d'autres formes d'apprentissage et qui englobent surtout les principales méthodes d'enseignement dans nos écoles, à savoir :

a — *un enseignement magistral :* purement verbal, conditionnant le sujet à un schéma donné de réponses ; cet apprentissage est fondé sur l'automatisation pure :

il vise l'acquisition des performances et de certaines habiletés. Cette technique de dressage, ou ce « drill » se déroule, dans les différentes classes, selon le même processus, sans tenir compte des niveaux des enfants ni de leur âge respectif :

- introduction de la notion sur laquelle portait le pré-test ;
- exposé de la loi qui la régit et de la formule qui en découle ;
- exécution de quelques exercices au tableau, devant les élèves, suivie d'une répétition de la loi par les sujets et d'une série d'exercices similaires ;
- exécution des problèmes d'application et correction.

b — *un enseignement intuitif* : basé sur un matériel concret (les réglettes de Cuisenaire en l'occurence) ; cet apprentissage se présente sous une forme associative-empirique :

- manipulation de réglettes ;
- orientation des jeux dans le sens de la loi ;
- présentation, par l'expérimentateur, d'exemples simples résolus avec les réglettes ;
- passage à des exercices plus abstraits ;
- exécution des problèmes d'application et correction.

Nous nous attendons donc à ce que les sujets construisent par eux-mêmes des problèmes dont ils trouvent la solution par une application de la règle déduite à partir du matériel et apprise par répétition. Mais est-ce que la méthode intuitive-concrète, à elle seule, est suffisante pour assurer la validité d'un apprentissage et l'acquisition durable de conduites nouvelles ?...

c — *un enseignements explicatif* : tout en inculquant la notion du dehors, cet apprentissage fait appel à une certaine maïeutique et réclame, par le fait même, une collaboration de la part des élèves. Grâce à une analyse du pourquoi de la situation, grâce à une démonstration poussée et à des explications supplémentaires, il met la notion à la portée des sujets, facilite la mémorisation par une certaine schématisation et réduit les difficultés tout en les réintroduisant ultérieurement et progressivement. Ce n'est pas du dressage pur, quoique le sujet soit conditionné et qu'il subisse les démonstrations : ce n'est pas non plus de l'élaboration personnelle, quoique les élèves soient capables de reconstruire mentalement la notion en même temps que le professeur, et selon leurs propres capacités structurantes. Ce sont les deux méthodes en même temps, conjuguées, non subordonnées. Le sujet a compris, mais ce n'est pas lui qui a tout assimilé selon ses structures propres ; il semble même que, tout en étant « dressé » par l'enseignement inculqué du dehors, il essaie de s'adapter ; d'où la nécessité et l'utilité des questions. Mais comment interviennent alors les mécanismes et quel rôle joue l'automatisation ? Sera-t-elle précoce ou non ? C'est ce que nous saurons en dépouillant les protocoles des sujets ayant été entraînés à ce genre d'apprentissage. Le procédé adopté est le suivant :

— introduction de la notion et explication ;
— démonstration de la loi et questionnaire ;
— solution de quelques exercices et démonstrations ;
— répétition de la loi et exécution de problèmes identiques ;
— exécution des problèmes d'application et correction.

d — *un enseignement opératoire* : basé sur l'élaboration et la recherche personnelle ; cet apprentissage permet à l'enfant de découvrir par lui-même, à partir des situations-problèmes, les opérations conduisant à la notion à apprendre. Nous tenons à rappeler que ce n'est pas une didactique opératoire pure que nous voulons construire, puisque nous nous restreignons déjà à une notion isolée ; c'est plutôt une approche opératoire que nous voulons introduire : à partir des propriétés expérimentées et relevées par les sujets, les notions sont reconstruites progressivement. Le processus selon lequel se déroule l'apprentissage équilibrant est essentiellement basé sur la réversibilité et l'anticipation ; il consiste à :

— présenter une situation-problème à la portée des enfants et orientée dans le sens de la notion ; faire anticiper les transformations ;

— permettre l'activité propre et effective (individuelle ou en groupe) sur un matériel adéquat ; faire anticiper les résultats ;

— relever toutes les propositions et suggestions de solution et les faire discuter et justifier ;

— aboutir à l'opération directe par plusieurs voies (et à son inverse) aussi bien de façon anticipatrice que par effectuation, jusqu'à découverte de la loi par les sujets ;

— étudier les problèmes relatifs à la notion, présentés et résolus par les élèves ;

— effectuer les exercices d'application et les corriger.

Avant de terminer, rappelons que le critère d'arrêt de l'apprentissage est la découverte de la loi (classes opératoires), ou la réussite des exercices pratiques (les autres groupes), par 75% des élèves d'une classe. Pourquoi une majorité de 75% ? Parce que, d'une part, la pré-expérimentation nous a montré qu'il faut quatre séances pour qu'une notion soit « apprise » par plus de 90% des membres d'un groupe, alors que nous ne disposons que de trois périodes pour les séances d'apprentissage ; et parce que, d'autre part, nous pensons qu'une majorité de 51% de réussites est insuffisante, alors qu'une majorité de 100% est une perfection à laquelle il est difficile de prétendre (le cas des 25% sera d'ailleurs réétudié individuellement au niveau des types d'erreurs).

En définitive, notre expérience porte sur quatre groupes d'enfants de même niveau scolaire pour chaque situation. Mais nous avons pensé à la variable maturation et à un éventuel progrès dans la conduite du seul fait d'une évolution naturelle à laquelle le processus d'apprentissage n'aurait aucunement contribué. Aussi avons-nous opté pour un groupe contrôle, à chacun des niveaux scolaires choisis (2e, 4e, 6e et 7e années), ayant pour rôle de témoigner des effets possibles de maturation.

3 — *Un double post-test*, pour vérifier l'acquisition et la conservation de la notion apprise en cours d'apprentissage, et surtout pour tester l'efficacité des différentes méthodes d'apprentissage, en vue d'y déceler le rôle de l'automatisation précoce. Dans ses deux phases (immédiatement et un mois après), il présente une triple problématique :

— la première reprend celle du pré-test et consiste à résoudre des questions du même genre que celles « apprises », mais un peu plus compliquées : c'est ce que nous appelons généralisation (G1) ;

— la deuxième dépasse la généralisation et la transpose pour une adaptation à une situation nouvelle, génétiquement solidaire : nous l'appelons transfert (T1) ;

— la troisième consiste à « conceptualiser » la notion acquise et à la verbaliser (pour vérifier son assimilation — donc son intégration aux structures logiques déjà présentes).

La formulation de la définition se fait d'abord à partir d'un choix entre trois définitions (dont l'une est juste, l'autre fausse et la troisième très rapprochée de la juste), puis par l'énoncé même de la définition. Ceci, dans le but de donner autant de chances aux sujets automatisés qu'aux autres.

Ainsi présentée, l'expérience — sous sa forme achevée — se déroule en cinq phases, à chacun des niveaux scolaires que nous avons sélectionnés :

1. pré-test portant sur l'opérativité des sujets ;
2. pré-test portant sur la notion à acquérir (P) ;
3. séances d'apprentissage de durée variable ;
4. post-test immédiat (G1, T1 et définitions) ;
5. post-test un mois après (G2, T2 et définitions).

Chacune de ces phases utilise un matériel donné et fait appel à une procédure particulière.

C — Technique expérimentale

La méthode que nous avons utilisée pour tester le niveau de développement cognitif des élèves, consiste essentiellement en un interrogatoire individuel. Elle dure une quinzaine de minutes environ et peut se prolonger, selon le cas, jusqu'à la demi-heure. Grâce à cette méthode originale — dite « clinique » — instaurée par Piaget, et qui consiste en une conversation libre et cordiale avec l'enfant à propos du matériel présent, de ses actions et constatations successives, nous avons pu rédiger les réponses des sujets sous forme de protocoles. C'est donc par le dépouillement et l'analyse de ces protocoles que nous avons pu déceler la structure cognitive, sous-jacente au raisonnement mais contenue dans la réponse. Nous avons pu alors grouper nos sujets conformément aux niveaux décrits par Piaget à propos de chacun des item expérimentaux. La caractéristique de ce déroulement libre de l'interrogatoire est dans l'adaptation de l'expérimentateur au langage et aux réponses de l'enfant. Or, en donnant sa réponse à la question posée, ce dernier révèle la manière par laquelle il tend à introduire de la cohérence dans sa pensée, tout en formulant, clarifiant, motivant et justifiant ses idées. Ainsi, en tenant compte de la réceptivité du sujet, de son niveau de maturation et de sa structuration logique, la technique expérimentale est délibérément souple, loin de toute stabilité rigide ; sa mobilité dépend de celle du sujet et son application varie en conséquence.

Une fois testé individuellement le niveau opératoire des sujets, nous passons avec les cinq groupes au prétest collectif portant sur la notion à acquérir, compte tenu des divers niveaux scolaires.

Notons que l'analyse de l'attitude des enfants, de leur motivation et de leurs réponses tout au long de la pré-expérimentation, nous a aidée à surmonter le stade des tâtonnements et à dépasser le domaine de la théorie pure, pour construire des méthodes d'enseignement tenant compte aussi bien des lumières psychologico-épistémologiques que des réalités pédagogiques. Nous avons ainsi essayé d'adapter la méthode aux enfants, tout en respectant ses lignes directrices. D'ailleurs, c'est en étudiant certaines de ces contingences, au cours de la pré-expérimentation, et à la demande unanime des maîtres chargés des différentes classes, que nous avons décidé de diriger par nous-même les diverses séances d'apprentissage. En conséquence, les premières rencontres furent réservées à une adaptation mutuelle (expérimentateur-élèves).

Par ailleurs, et pour éviter l'intervention d'autres variables encore (notre expérimentation en comptait déjà beaucoup), nous avons décidé d'expérimenter nos méthodes dans les écoles qui les utilisent déjà d'une manière plus ou moins stricte.

Ainsi en tenant compte des facteurs très importants pour la marche d'une classe (temps, adaptabilité à l'expérimentateur et à la méthode, rôle du maître au cours de l'année, son acceptation par les élèves, la relation maître-élèves, etc.) et en mettant toutes ces variables (physiques, affectives et sociales) momentanément entre parenthèses pour l'interprétation des résultats expérimentaux, nous avons essayé de restreindre notre analyse à une étude comparative des « réponses » (aux différents genres d'apprentissage) dans le but de déceler — à travers les réussites et les types d'erreurs dans les diverses variétés — en quoi consiste le *rôle de l'automatisation précoce dans les acquisitions immédiates et dans l'évolution du souvenir.*

Il est bon de remarquer par ailleurs que faisant cette expérimentation (sous ses diverses variétés) à nous seule, et étant obligée de diriger les différentes techniques d'apprentissage, nous les avions déjà interprétées en les utilisant. Toutefois, nous n'avons guère exprimé (verbalement ou dans notre attitude) une préférence quelconque à l'égard des méthodes utilisées. Nous nous sommes limitée aux consignes relevées pour chacune des méthodes. Il n'en reste pas moins que c'était toujours la même personne qui jouait quatre rôles différents.

Une fois effectués les différents exercices de l'apprentissage, nous testons son efficacité (ou son inefficacité !). L'enfant a-t-il acquis la nouvelle notion ? Y a-t-il progrès par rapport au pré-test ?

L'étude des réponses et réactions des différents enfants au post-test nous permet alors de vérifier (ou rejeter) notre hypothèse de départ sur la problématique de l'apprentissage et surtout sur la relation automatisation précoce-compréhension.

Pour ce qui est du dépouillement :

a — nous groupons les protocoles par ordre de succession des phases, selon le niveau scolaire et le type d'apprentissage ;

b — nous codons les feuilles compilées, en donnant un numéro matricule à chaque élève. Ainsi 15VIIDe. C'est le 2e post-test du 15e élève de la liste de 7e dressage. Ce codage, dont seul le 4e terme varie par élève (alors que le 3e dépend de la méthode et le 2e du niveau scolaire) permet de démêler les nombreux protocoles dont nous disposons ;

c — la lecture de chaque protocole permet d'établir une typologie de conduites pour chaque phase de l'expérience. De même que la correction des exercices permet un relevé du nombre de réussites, alors que les justifications dévoilent les raisonnements ;

d — ces relevés fragmentaires sont reproduits sur un grand tableau groupant les 400 enfants d'après leur âge et les différentes méthodes, et comprenant tous les résultats aux diverses phases expérimentales ;

e — la lecture de ce tableau favorise les analyses statistiques et l'interprétation ; tout comme elle permet le retour aux cas individuels et l'analyse qualitative.

2

Analyse des résultats

A — Type de conduite

Est-ce qu'un apprentissage par conditionnement, par réduction des difficultés ou par renforcements concrets, est un vrai apprentissage? L'enfant semble comprendre sur le champ, mais retient-il ce qui lui a été enseigné? La rétention est-elle provisoire? Par ailleurs, dans une optique opératoire (donc de construction active de la connaissance) les critères d'évaluation d'une conduite nouvelle se révèlent et s'établissent à partir de l'examen des structures sous-jacentes aux réponses des sujets de l'expérimentation : le mode de raisonnement actualise la structure mentale. Pour savoir si l'automatisation précoce est favorable (ou non) à la compréhension, au niveau de l'apprentissage scolaire, nous devons donc vérifier :

— la *stabilité* de l'acquisition par le contrôle du progrès réalisé au post-test par rapport au pré-test ;
— la *possibilité d'une transposition* à des situations analogues ou généralisation ;
— le phénomène de *transfert* à une structure apparentée génétiquement solidaire.

Mais comme nous étudions les effets de l'automatisation précoce dans le processus d'acquisition de la connaissance, ces trois variétés de vérification devraient se retrouver dans les conduites des sujets repris un mois après au moins. Est-ce que le souvenir va être modifié par l'intervention d'automatismes pré-compréhension ? Sera-t-il consolidé ? Ou résultera-t-il un oubli de la notion acquise un mois avant ?

I — *Types de conduite au pré-test* : la possibilité d'autovérification et d'autocorrection des questions du pré-test, tout comme la succession des situations identiques (donc adaptation et répétition) nous autorisent à envisager l'éventualité d'un apprentissage rapide au début de l'expérience et avant l'apprentissage à proprement parler. Deux possibilités se présentent au sujet : soit qu'il automatise dès le départ, sans arriver à comprendre, et alors il peut réussir ses questions au hasard ; soit qu'il ne comprenne pas au début mais essaie de s'adapter par lui-même à la nouvelle notion ; il comprend alors plus ou moins bien et finit par réussir son pré-test. (Nous qualifions l'apprentissaage au pré-test de total, quand les résultats des sujets sont entre 70 et 100% ; partiel, entre 50 et 69% ; nul, entre 49 et 0%.)

Les mêmes situations étant reprises au début du post-test, une étude comparative des deux résultats s'impose, nous permettant de déceler par là-même, l'apparition d'un progrès en fin d'expérience. Pour évaluer ce progrès, certains critères se présentent par rapport à l'acquisition et à la stabilité de la notion. Si bien que le *progrès* est : négatif (en cas de non-acquisition de la notion), positif (dans le cas contraire) et fluctuant.

Mais si nous essayons de déterminer les catégories du progrès par rapport au développement de la conduite de l'enfant dans l'acquisition progressive des connaissances, nous pouvons dire que :

> — le progrès est statique lorsqu'un enfant, n'ayant pas la notion au pré-test, garde cette attitude au post-test (les résultats sont alors inférieurs à 50% dans les deux cas) ;

— le progrès est total en cas d'acquisition et de sta-
bilisation de la nouvelle notion (encore absente
au début d'expérience, ou s'étant formée au cours
de l'apprentissage rapide du pré-test) ;
— le progrès est partiel, dans le cas de persistance
des fluctuations (si les résultats du pré-test sont
supérieurs à 50% et ceux du post-test inférieurs,
ou inversement).

II — *Types de conduite au premier post-test* : L'étude comparative des résultats nous montre, indépendamment de l'âge et de la méthode d'apprentissage, trois variétés de compréhension des différentes notions à acquérir. Ces différents types de conduite se précisent dans le
post-test immédiat, compte tenu de l'apprentissage rapide qui a pu se réaliser déjà au niveau du pré-test (est
négatif le résultat inférieur à 50% et positif le résultat
quoté de 50% et plus) pour le pré-test (P), la généralisation (G1) et le transfert (T1) dans le post-test immédiat).

Type I — *L'enfant n'apprend rien* : bloqué, il ne progresse ni dans le pré-test, ni dans le post-test ; l'incompréhension est totale.

Type II — *L'enfant acquiert la notion mais ne l'utilise pas* : à force de répétitions de problèmes identiques,
la notion est retenue de façon rigide. Cette acquisition
relève d'une situation conflictuelle qui a été difficilement et incomplètement surmontée : soit que l'enfant
réussisse au pré-test (par un apprentissage personnel
rapide) mais, faute d'enseignement adéquat, il échoue au
post-test ; soit qu'ayant échoué au pré-test, il réussisse
la partie généralisation du post-test mais n'est pas capable de transfert.

Type III — *L'enfant comprend la nouvelle notion* :
qu'il ait réussi ou échoué au pré-test, il réussit les problè-

mes de généralisation et utilise la notion nouvellement acquise pour résoudre des situations apparentées.

Ayant repris le même post-test (un mois après), que pouvons-nous dire des conduites des enfants ?

III — *Types de compréhension au deuxième post-test* : Tous les sujets n'ont pas été retrouvés (pour cause de déménagement et de changement d'écoles) ; des 400 dossiers, il nous en restait 383 : soit un effectif réduit de 4.25%. En dépouillant les protocoles de cette deuxième partie de la recherche, nous essayons de retrouver les mêmes caractéristiques fondamentales du post-test précédent. Mais nous constatons une légère modification des variétés de conduite, due à une variation dans les déformations du souvenir, compte tenu non seulement du prétest mais aussi de la généralisation et du transfert au premier post-test. Si bien que nous délimitons les variétés suivantes de conduite :

Type I — *L'enfant ne comprend pas* : Les résultats du deuxième post-test sont négatifs aussi bien dans la généralisation que dans le transfert. Ce qui montre que l'enfant n'avait rien compris du tout : soit qu'il n'avait rien retenu de son apprentissage et n'a pas changé d'attitude un mois après ; soit qu'il semblait avoir compris (puisqu'il avait réussi les questions de généralisation immédiate) mais il a tout oublié un mois après.

Type II — *L'enfant est tiraillé par des conflits qu'il n'arrive pas à surmonter facilement* : en général la réussite aux problèmes identiques à ceux de l'apprentissage est assurée ; mais non la compréhension totale, puisque les sujets n'utilisent pas la notion apprise, dans de nouvelles situations. L'enfant semble, dans certains cas, avoir compris (avec un retard d'un mois sur l'apprentissage) : cette compréhension se limite à une coordination tardive des mécanismes mis en cause ; n'étant pas bien assimilée, elle ne peut être utilisée pour de nouvelles mises en relation : l'enfant ne se relève pas encore d'un conflit de structures sous-jacentes et inachevées. Nous ne pouvons guère dire dans ce cas que des mécanismes se sont formés avant compréhension ; la possibilité de formation des automatismes *durant* la phase d'assimilation n'est pas à rejeter : c'est ce qui explique la situation conflictuelle. La seule preuve que nous ayons (dans l'analyse quantitative) est que le sujet ne s'est pas servi de la notion acquise. Ses structures opératoires semblent en conflit avec les mécanismes mis en branle par les automatismes fixés préalablement.

Dans d'autres cas, l'enfant s'est accommodé à la nouvelle notion mais n'arrive pas encore à s'y adapter. Autrement dit la conduite est retenue mais non intégrée dans le comportement cognitif : elle n'est pas totalement adoptée par les structures mentales du sujet. L'apprentissage semble avoir réussi : l'enfant avait acquis la notion, il l'avait utilisée immédiatement (dans la généralisation), il s'en était même servi pour s'adapter à une nouvelle situation. Mais l'adaptation n'était pas totale : l'équilibre assimilation-accommodation était de courte durée, puisque l'enfant a pu s'adapter, un mois après, à des situations identiques à celles de l'apprentissage, non à des situations apparentées. Voilà pourquoi nous disons que le sujet est encore en conflit : ses structures ne sont pas élaborées conformément à la nouvelle notion acquise, sans quoi elles l'auraient utilisée pour résoudre les questions d'un genre nouveau. Il est très probable que le sujet ait gardé son attitude une fois la notion fixée, sans avoir pris tout son temps pour l'assimiler ; c'est ce qui explique une généralisation positive un mois après ; ou que, bloqué tout au long de l'apprentissage (puisqu'il a ses deux généralisations négatives) mais ayant fait son apprentissage au pré-test, il utilise le peu qu'il ait appris par lui-même dans le transfert. Ses structures se sont élaborées puisque, même un mois après, le résultat est positif ; mais elles ne sont pas bien formées :

la situation reste conflictuelle, ce qui montre que la notion n'est pas totalement intégrée. La nouvelle notion est acquise, mais l'adaptation n'est pas encore réalisée ; aussi la compréhension n'est-elle pas totale.

Type III — *L'enfant comprend et surmonte totalement tous ses conflits* : la compréhension de la notion nouvelle se fait de différentes façons : l'enfant ne semblait pas avoir profité de son apprentissage ; ce n'est qu'un mois après que le mécanisme se déclenche, et l'enfant réussit son post-test en généralisant et faisant le transfert. Nous excluons alors une automatisation pré-compréhension, étant donné que le sujet réussit seulement un mois après, aussi bien les questions de généralisation que de transfert. De par sa nature même, l'automatisation favorise les situations stéréotypées : par contre, dans le cas présent, l'enfant utilise la notion acquise pour résoudre un nouveau genre de problèmes.

Ou bien l'enfant avait réussi au post-test aussitôt après l'apprentissage, et un mois plus tard il a élaboré activement son schème d'action, d'assimilation et d'adaptation.

B — Analyse quantitative

I — *Comparaison du post-test immédiat au pré-test* : Analysons en premier les fréquences des conduites dans le but de déceler les effets généraux de l'apprentissage par une étude du progrès résultant de la comparaison des réponses au post-test par rapport à ceux du pré-test (où un apprentissage rapide et personnel aurait pu se réaliser). Une lecture des tableaux comparatifs 1 et 2 (pp. 130, 131) montre un progrès visible, dans toutes les classes expérimentales et indépendamment de la méthode utilisée. Vérifions toutefois, si les variations des fréquences du progrès sont dues au hasard ou si elles relèvent de la méthode adoptée, compte tenu de l'âge

TABLEAU 1

RÉSULTATS COMPARATIFS DU PRE-TEST ET DU POST-TEST IMMÉDIAT

MÉTHODES	PRE-TEST			1e POST-TEST			PROGRÈS			
Classes	I	II	III	I	II	III	... 0	... ≠	... +	N
D 1e	5	10	7	2	18	2	6	6	10	22
D 4e	–	19	5	–	15	9	2	13	79	24
D 6e	7	16	7	3	36	1	19	20	1	30
D 7e	7	16	1	–	15	9	4	2	8	24
moyenne des fréquences	4.75	15.25	5	1.25	18.5	5.25				
C 2e	6	12	10	1	7	20	4	1	25	28
C 4e	2	19	5	2	11	13	6	11	9	26
C 6e	7	13	5	6	15	1	16	8	1	25
C 7e	8	18	4	4	24	1	6	2	18	26
moyenne des fréquences	5.75	15.25	5.25	2.5	15	8.75				
E 2e	15	9	–	4	6	14	10	4	10	24
E 4e	–	20	7	–	10	17	5	10	12	27
E 6e	6	9	11	6	20	–	16	10	–	26
E 7e	14	14	–	–	11	11	1	4	17	22
moyenne des fréquences	8.75	13	4.5	2.5	11.75	10.5				
Ω 1e	4	8	7	3	14	2	2	2	15	19
Ω 4e	–	19	7	–	6	20	3	7	16	26
Ω 6e	–	10	15	–	9	16	1	5	19	25
Ω 7e	19	19	4	2	14	10	3	6	17	26
moyenne des fréquences	5.75	14	8.25	1.25	10.75	12				400
moyenne générale des fréquences	6.25	14.38	5.75	1.87	14	9.15	6.5	6.95	12.2	

TABLEAU 2

RÉSULTATS COMPARATIFS DES CONDUITES AUX DEUX POST-TESTS

MÉTHODES	Classes	2e Post-Test			Progrès en G_2			Progrès en T_2			N
		I	II	III	(−)	0	(+)	(−)	0	(+)	
D	1e	6	15	1	7	7	8	19	1	2	22
	4e	6	13	5	7	17	−	17	5	2	24
	6e	15	10	5	18	6	6	22	5	3	30
	7e	1	13	9	1	22	−	13	5	5	23
moyenne des fréquences		7	12.75	5			3.5			3	
C	2e	2	11	13	4	22	−	11	15	−	26
	4e	2	6	17	4	17	4	5	14	6	25
	6e	16	5	2	16	2	5	21	−	2	23
	7e	−	21	5	1	23	2	21	1	4	26
moyenne des fréquences		5	10.75	9.25			2.75			3	
E	2e	2	9	10	4	12	5	8	10	3	21
	4e	1	10	16	5	18	4	7	16	4	27
	6e	14	7	3	15	2	7	17	2	5	24
	7e	−	5	15	−	18	2	5	7	8	20
moyenne des fréquences		4.25	7.75	11			4.5			5	
O	1e	5	5	7	5	11	1	10	−	7	17
	4e	2	5	19	5	18	3	2	21	3	26
	6e	2	5	17	3	20	1	6	10	8	24
	7e	2	6	17	2	22	1	8	8	9	25
moyenne des fréquences		2.75	5.75	15			1.5			6.75	38

des sujets. Pour ce, calculons le t de Student et le X2 (chi carré). Rappelons que sur les tableaux, chaque méthode est représentée par son initiale (dressage D, Cuisenaire C, explicatif E et opératoire O). De plus, le progrès statique y est symbolisé par (O), le partiel par (=) et le total par (+).

Le test « t » de Student (utilisé pour comparer les moyennes des fréquences de conduites aux pré et post-tests), révèle que :

— les moyennes des conduites d'échec diffèrent de façon très significative selon les méthodes d'apprentissage.

— la méthode d'apprentissage n'intervient pas, en cas de compréhension partielle (de conflits) et de réussite. Par contre cet effet est important, dans le souvenir.

— l'âge n'est pas la variable qui fait diminuer les fréquencec d'échec au post-test ou modifier les conduites, un mois après.

En somme, *les structures cognitives fonctionnent de façon identique aux différents niveaux du développement* pour favoriser l'acquistion d'une connaissance nouvelle, quelle que soit la méthode d'apprentissage utilisée. Néanmoins, la fixation dans l'échec est due à l'apprentissage. De plus, *la conservation d'une notion nouvelle est étroitement liée aux mécanismes de son acquisition.* Conclusions que confirme le test de X2.

En effet, le calcul du X2 révèle une différence significative entre les résultats. Autrement dit, les variations des fréquences de réussite et de progrès ne sont pas dues au hasard. Elles dépendent de la méthode utilisée.

Pour conclure, examinons la répartition des fréquences de conduite des groupes contrôles aux différents niveaux scolaires.

TABLEAU 3

Classes	I	II	III	N
2e	1	16	12	29
4e	–	21	5	26
6e	1	21	–	22
7e	1	21	6	28
				105 = N

— Près de la moitié des enfants de 2e année ont assimilé la notion présentée au pré-test. L'apprentissage rapide qui s'est effectué à ce niveau a favorisé une activité des structures cognitives qui se sont modifiées conformément à l'information reçue et l'ont restructurée.

— Cet effet de la maturation est moins suffisant au niveau des autres classes où presque tous les sujets réussissent, grâce à l'apprentissage rapide, les exercices identiques à ceux du pré-test.

— La nouvelle notion a été fixée (grâce, sans doute, aux brèves explications données avant le pré-test).

II — *Comparaison des deux post-tests* : Groupons les réactions générales des enfants repris un mois après l'apprentissage en un tableau comportant les variations des types de conduites selon les méthodes, ainsi que les fréquences des conduites de progrès (+), d'échec (—) ou de stabilité (0) dans la réussite à la généralisation et au transfert (cf. page 130). Nous pouvons déjà constater que les fréquences des conduites varient d'une méthode à l'autre, et d'une classe à l'autre et que la stabilité des acquisitions n'est pas toujours assurée. Pour mieux interpréter ces résultats, groupons-les en tableaux de fréquences de conduites du 2e post-test et de fréquences de réussites selon les niveaux scolaires. Le X^2 révèle une différence significative encore, à savoir que l'influence des méthodes d'apprentissage se poursuit différemment dans le souvenir.

Pour connaître le sens et la direction de cette variation, établissons un tableau comparatif des pourcentages des réactions des sujets à la méthode d'enseignement, indépendamment de leur âge.

TABLEAU 4

POURCENTAGE DES FRÉQUENCES DES CONDUITES
AUX POST-TESTS IMMÉDIAT (C_1)
ET UN MOIS PLUS TARD (C_2)

Types de conduites

	I		II		III	
	C_1	C_2	C_1	C_2	C_1	C_2
D $\quad N_1 = 100$ $\quad N_2 = 99$	5.0	28.2	74.0	51.5	21.0	20.2
C $\quad N_1 = 105$ $\quad N_2 = 100$	9.5	20.0	57.1	43.0	33.3	37.0
E $\quad N_1 = 99$ $\quad N_2 = 92$	10.1	18.4	47.4	33.6	42.4	47.5
O $\quad N_1 = 96$ $\quad N_2 = 92$	5.2	11.9	44.7	21.7	50.0	65.2

La lecture de ce tableau nous révèle la succession des méthodes d'enseignement par ordre de priorité. Profil général : augmentation des fréquences de conduites I ; diminution pour conduites II ; augmentation pour III (sauf dressage).

— L'apprentissage équilibrant l'emporte de loin sur toute autre technique ; les fréquences de réussite augmentent de 15.2%.

— Viennent ensuite les méthodes explicatives, Cuisenaire puis de dressage ; les réussites augmentent respectivement de 5.1% et 3.7%.

— Aux niveaux pré-opératoire et opératoire concret du développement mental, toutes les méthodes favorisent aussi bien l'acquisition de la nouvelle conduite, mais non sa mobilité et sa conservation.

Par contre, au niveau formel, la méthode opératoire est moins efficace quand la notion repose sur un pré-requis et sur des habitudes déjà rigidement fixées.

Mais notre problème de départ se rapportant aux effets de l'automatisation précoce, essayons de les déceler à partir des conduites des élèves. S'ils ont acquis la notion à apprendre, sont-ils pour autant capables de généralisation (transposition de la solution à des situations identiques) et de transfert (utilisation de la nouvelle notion pour résoudre des problèmes apparentés) ? Gardent-ils la même conduite ? Si oui, ceci implique une « compréhension » de la nouvelle notion (acquisition, stabilité, généralisation, transfert et conservation). Mais dans le cas contraire, la notion a pu être fixée momentanément ou acquise incomplètement et conservée telle quelle. Or l'acte d'intelligence, la compréhension, étant caractérisé par son invariance fonctionnelle, la double comparaison que nous effectuons nous rappelle inévitablement le « double mouvement respiratoire » indispensable à l'adaptation, à savoir l'assimilation et l'accommodation. C'est ainsi que la réussite à la généralisation est insuffisante en elle-même pour nous permettre d'affirmer que le sujet a compris : l'attitude peut témoigner d'un excès d'accommodation dépendant d'une simple fixation par imitation. Par contre, si le sujet réussit au transfert, en même temps qu'à la généralisation, cela signifie qu'une activité équilibrante est entrée en jeu pour enrichir la structure présente de la nouvelle notion, et lui permettre de l'utiliser adéquatement. Ce qui implique alors un certain équilibre entre l'assimilation et l'accommodation, entraînant par le fait même une adaptation à la situation nouvelle. Si cette attitude se maintient un mois après, elle révèle une conservation dans le souvenir tributaire du schématisme mis à l'œuvre au moment de l'acquisition ; si, par ailleurs, nous constatons un progrès dans la conduite, plus d'un mois après l'apprentissage, cela signifie que l'équilibre, perturbé lors de l'apprentissage est rétabli grâce à une prédominance de l'activité structurante sur l'élément perturbateur. Car si l'assimilation est l'intégration des données de l'objet extérieur aux schèmes propres à une structure donnée, et si l'accommodation est la modification des schèmes en fonction de ces données, l'assimilation doit jouer, dans la perception qui sollicite le souvenir et facilite la compréhension, selon le niveau de schématisation dont dispose le sujet au moment de l'expérience. L'accommodation tend alors à une conformation de ces schèmes au nouvel objet : la motivation de l'assimilation est donc dans le sujet alors que celle de l'accommodation est dans l'objet

Groupons maintenant les pourcentages de réussite aux deux post-tests selon la généralisation et le transfert (cf. tableau 5, p. 137). Que nous révèle ce tableau ?

— Les pourcentages de réussite obtenus au niveau des généralisations ne trouvent pas d'échos au niveau des transferts. A quoi aurait alors servi l'apprentissage ? On apprend pour se développer et comme l'évolution de la connaissance se fait toujours dans le sens d'une intégration et d'une structuration de plus en plus enrichie et complexe, elle ne pourrait se dérouler aisément ni se développer en présence d'automatismes précocement acquis. Par ailleurs un progrès en G_2 n'entraîne pas nécessairement un progrès en T_2 (comme le prouve le calcul de t à partir des moyennes des fréquences de réussites selon méthodes et âges. Test non significatif ; les valeurs respectives de « t » étant 1,05 et 1,035) ;

— bas pourcentage de réussite dans les méthodes automatisantes, et ce, surtout au niveau de la 4e et de la 6e année (donc durant la période des opérations concrètes) ;

— redressement des pourcentages dès le niveau formel, et ce avec toutes les méthodes : les sujets semblent « prendre en main la situation », quelle que soit la méthode ;

— le matériel concret, mal utilisé, semble plus perturbateur que les « concepts » non compris ;

— résultats relativement mauvais de la méthode opératoire, en 7e année : les automatismes fixés de longue date entravent l'élaboration personnelle des sujets, et retardent l'évolution de la connaissance.

Ainsi lorsque l'élève acquiert une notion, il ne la comprend pas nécessairement pour autant. Elle peut être retenue immédiatement, mais momentanément, révélant par là une carence des structures logico-mathématiques adéquates pour l'y intégrer. Dans ce cas, le sujet est uniquement capable de répondre aux situations identiques à celles de l'expérimentation : un nouveau stimulus réclamant un nouveau conditionnement, le sujet n'a pas

TABLEAU 5

POURCENTAGE DES RÉUSSITES AUX DEUX PARTIES DES DEUX POST-TESTS ET DE PROGRÈS SELON LES MÉTHODES

MÉTHODES Classes	GÉNÉRALISATION G_1	G_2	TRANSFERT T_1	T_2	PROGRÈS G	T
D 1e	45.4	68.1	9.1	13.6	36.3	9.0
4e	37.5	70.8	41.6	29.1	--	8.3
6e	3.3	40.0	23.3	43.3	20.0	10.0
7e	75.0	91.7	37.5	43.4	--	21.0
C 2e	82.1	84.6	71.4	57.6	--	--
4e	34.6	84.0	61.5	80.0	16.0	24.0
6e	4.0	30.4	8.0	8.6	26.7	8.6
7e	69.2	96.3	7.6	23.0	7.6	15.3
E 2e	41.6	80.9	75.0	61.9	25.8	14.3
4e	46.1	81.4	77.7	74.0	14.5	14.0
6e	--	37.5	26.9	29.1	29.1	20.8
7e	77.7	100	54.5	75.0	10.0	40.0
O 1e	63.1	70.5	15.7	41.1	5.8	41.1
4e	61.5	80.7	88.6	92.0	11.5	11.5
6e	76.0	87.5	72.0	75.0	4.1	33.3
7e	65.3	92.0	38.4	68.0	4.0	36.0

su adapter son schématisme aux structures de la nouvelle connaissance : il s'y est accommodé sans pouvoir bien assimiler. Mais lorsque l'équilibre assimilation-accommodation est assuré, cela signifie que le sujet a fini par intégrer la nouvelle structure à son pré-requis, et qu'il est capable de l'utiliser pour de nouvelles structures apparentées à la précédente. Nous dirons alors qu'il a vraiment compris et que la nouvelle notion fait un tout avec les précédentes puisqu'il s'en est servi pour s'adapter à des situations analogues et qu'il l'utilise pour progresser dans une autre notion, nouvelle mais génétiquement solidaire.

— Les enfants des groupes Cuisenaire ne sont pas tellement plus favorisés que ceux du groupe de dressage, surtout au niveau formel. Ce qui nous permet de dire que les automatismes, fixés avant « l'activation » du sujet, qu'ils soient d'origine intuitive ou verbale, retardent la compréhension et entravent l'adaptation ;

— les automatismes fixés grâce à une certaine maïeutique, qui s'élaborent donc en même temps et parallèlement à l'activité mentale, sont d'un effet plutôt nul (cf. résultats groupe explicatif) ;

— alors que des automatismes qui ont déjà servi à l'élaboration d'une notion favorisent une fixation plus rapide d'automatismes nécessaires à l'acquisition d'une notion solidaire mais retardent énormément la compréhension de ladite nouvelle notion (cf. résultats 7e année) et suscitent une situation conflictuelle ;

— l'activité opératoire favorise la compréhension et surtout l'évolution dans la connaissance. Cependant, elle est ralentie par la présence d'automatismes précocement établis dont l'effet perturbateur est d'assez longue durée. Les sujets ont alors de la difficulté à organiser les données du problème posé, à comprendre et à inventer.

Un mois plus tard, les conduites sont encore modifiées, surtout en fonction de l'âge des sujets :

— prédominance des conduites réussies dans la généralisation, mais d'oubli dans le transfert, indépendamment des méthodes d'apprentissage.

Le fait que le souvenir ait évolué en un mois, parmi les sujets de 7-8 ans, plus opératoirement que parmi ceux de 6-7 ans, nous rappelle les conclusions de Piaget sur l'opérativité de la mémoire, et la différence est nette entre les résultats des enfants du même âge, du même niveau mental, mais ayant suivi deux méthodes d'enseignement différentes.

— Le succès l'emporte en 4e dressage, au niveau de la généralisation, et l'échec au niveau du transfert. Autrement dit, les sujets gardent en général la même attitude un mois après, alors qu'une partie régresse dans sa conduite. Le conditionnement favorise une certaine rétention, mais son souvenir ne progresse pas. Aussi pouvons-nous dire que l'automatisation précoce, même dès le stade des opérations concrètes, est une entrave au progrès ; seuls 29% des sujets ont réussi au niveau du transfert.

Par contre, en 4e Cuisenaire ce sont les conduites réussies qui dominent : cela prouve qu'à ce stade, la configuration perceptive — en conflit avec la construction opératoire — arrive quand même à jouer un rôle positif dans la structuration, qui semble se maintenir un mois après l'apprentissage et qui présente même un certain progrès. Or, comme nous le savons déjà, la perception elle-même nécessite une certaine schématisation, ce qui permet au souvenir de mieux garder les éléments, non de les faire vraiment progresser. Ce qui nous permet d'affirmer que l'automatisation précoce n'est pas néfaste lorsqu'intervient un matériel didactique. Le cas est similaire d'ailleurs avec le groupe explicatif où nous constatons un grand pourcentage de réussites. Nous pouvons donc dire d'ores et déjà que l'effet de l'automatisation précoce est presque nul au niveau des opérations concrètes lorsqu'une autre influence (matériel concret ou maïeutique) entre en jeu simultanément. Quant au groupe opératoire de 4e année il est, en majorité, couronné par le succès dans ses conduites un mois après.

— Pour ce qui est des conduites d'enfants de 11-12 ans, la différence est nette — un mois après — entre les résultats du groupe opératoire et ceux des autres groupes. Grand pourcentage d'échec (même à la généralisation) chez les sujets entraînés à la méthode de dressage, Cuisenaire et explicative. Ce qui montre qu'au niveau formel le conflit est plus grave encore entre les structures en voie de développement par activation propre et les automatismes conditionnants. Ce qui nous permet de dire à quelques exceptions près qu'il y a eu simplement rétention momentanée et simple insight, durant les séances d'apprentissage, plutôt que compréhension durable et assimilation de la conduite nouvelle. N'oublions pas que les habitudes et autres pré-requis n'entrent pas en jeu dans cette situation.

— Par contre, en 7e année, nous constatons une certaine différence, dans ce sens que si les sujets réussissent les problèmes de généralisation, ils échouent au transfert. La situation différant de celle de 6e année, le pré-requis acquis facilite la rétention et la fixation de la nouvelle conduite par automatisation précoce, mais entrave le progrès. Ce pré-requis a par ailleurs un rôle négatif (que nous n'avions pas vu avec les enfants de 4e année) au niveau du groupe opératoire : ce qui nous autorise à ajouter qu'au niveau formel l'acquisition antérieure a une grande influence sur l'élaboration active.

Nous pouvons dire qu'en général, l'automatisation précoce économise le temps et favorise la rétention, puisque celle-ci se retrouve un mois après. Autrement dit, le souvenir garde presque telle quelle la notion automatisée, au niveau des opérations concrètes, mais crée une situation conflictuelle au niveau formel (ce qui n'exclut pas un certain pourcentage de réussites pour la généralisation). Par contre, il ne favorise pas l'évolution de cette notion avec l'évolution des structures cognitives, révélant par là que si l'automatisation précoce donne un résultat positif sur le champ, ce résultat est de courte durée parce qu'il relève plus d'un effort d'imitation que d'adaptation. Aussi entrave-t-il tout progrès.

Que pouvons-nous en conclure quant aux méthodes en général et aux effets de l'automatisation précoce en particulier ?

— Les méthodes d'apprentissage ont le même effet lorsque les élèves sont d'un niveau mental préopératoire (1re et 2e) : les structures mentales des sujets n'étant pas encore bien affermies, l'inférence des automatismes avant l'assimilation ne semble pas entraver la compréhension. Par contre, la différence apparaît au niveau de la logique d'action (4e) et s'accentue encore plus au niveau formel (6e et 7e).

— La nette prédominance des types II de conduite dans toutes les classes de dressage se maintient un mois après, ainsi que l'incapacité de transfert. On constate même une certaine régression des conduites des sujets : non seulement le souvenir n'a pas fixé les automatismes, il a également diminué leur effet de réponse.

— Prédominance des conduites réussies selon la méthode Cuisenaire au niveau opératoire concret mais situation conflictuelle au niveau formel. D'autant plus que la régression des conduites, un mois plus tard, est flagrante à tous les niveaux du développement.

— Cet effet est plus ou moins inverse avec la méthode explicative. Les résultats immédiats révèlent une situation conflictuelle à dépasser, alors que les résultats un mois après dévoilent un progrès palpable. Les sujets surmontent difficilement le conflit surgissant entre les automatismes qui cherchent à se fixer et les structures qui cherchent à se reconstruire. La maïeutique favorise une certaine recherche personnelle de la part des élèves, mais n'est pas suffisante pour réduire l'activité des automatismes précocement établis et les intégrer aux schèmes d'assimilation-accommodation mis en cause.

— La situation conflictuelle du niveau concret est plutôt surmontée un mois plus tard dans la méthode opératoire. Les réussites immédiates se maintiennent et un progrès s'opère même dans les conduites. Elément que nous n'avons pas rencontré encore dans les autres méthodes. Par ailleurs, la 7e année se révèle comme un cas intéressant, dans ce sens que les habitudes et automatismes déjà fixés sur lesquels s'est appuyée la nouvelle notion ont favorisé une situation conflictuelle (que révèle la prédominance des conduites du type II). Ce facteur n'a pas intervenu si fortement au niveau concret (4e année scolaire), dans une situation identique : les automatismes antérieurement fixés réapparaissent, au niveau formel, pour « réclamer » un nouveau conditionnement, faisant obstacle, par le fait même, au schématisme intellectuel ; lequel obstacle s'avère de moindre envergure au niveau concret.

— La stabilité de l'acquis et sa conservation sont nettement meilleures, dans toutes les classes, quand il résulte d'un apprentissage structural ; un progrès-même s'ensuit en cas d'apprentissage équilibrant et une régression en cas d'apprentissage conditionnant (par dressage pur, par renforcements ou « didactiquement »).

— La différence est nette entre les conduites des enfants de 6-8 ans et celles des adolescents de 10-13 ans qui ont suivi les variétés d'apprentissages conditionnants : en général, progrès dans les résultats immédiats des enfants de 6-9 ans et régression chez les enfants de 10-13 ans ; alors que la réaction plutôt inverse se révèle dans les conduites un mois après.

— Si l'automatisation favorise la rétention immédiate dans le sens d'une accommodation par imitation, voire même la fixation de la nouvelle conduite dans le souvenir, son effet est néfaste quant à l'utilisation de l'acquis fixé (puisqu'il n'a pas été assimilé). Voilà déjà une première confirmation de notre hypothèse de départ.

— D'autre part, si l'automatisation précoce est d'un effet nul sur « l'assimilation » de l'information, lorsqu'elle se présente à partir (ou plutôt avec) d'un matériel concret ou d'une didactique-maïeutique, cet effet est presque nul aussi (voire même positif) sur « l'accommodation », au niveau des opérations concrètes, mais il est tout à fait négatif au niveau des opérations de la logique propositionnelle. Autrement dit, si l'automatisation précoce favorise la fixation d'une notion nouvelle par renforcements (intuitifs ou verbaux), elle a un rôle perturbateur dans l'évolution de la connaissance, entravant, par là, l'évolution même des structures cognitives. Ce qui confirme les résultats quantitatifs.

— Enfin, si l'automatisation précoce a un effet positif sur la rétention d'une notion nouvelle mais déjà tributaire de tout un ensemble d'habitudes — et ce à n'importe quel niveau du développement — son effet est plutôt négatif lorsqu'il s'agit de la fixation d'une notion indépendante, parachutée en terrain vierge. Cet effet est d'autant plus négatif que le niveau intellectuel considéré est supérieur. Autrement dit, les enfants du stade pré-opératoire sont moins dérangés par l'intervention d'automatismes avant la compréhension que ceux du stade des opérations concrètes, et ceux-ci le sont beaucoup moins que les sujets du stade formel. Ceci s'explique facilement par le fait que si les structures cognitives présentent le même mécanisme actif tout au long des stades du développement, ces mécanismes ne fonctionnent pas au même niveau. « L'hétéronomie » du stade pré-opératoire peut admettre le conditionnement que rejette catégoriquement « l'autonomie » du stade formel...

Cette étude, nous tenons à l'approfondir avec l'analyse qualitative, au niveau des types d'erreurs relevées dans les différents groupes, avant d'y donner une conclusion finale. Néanmoins, et avant de passer à cette troisième partie du présent chapitre, nous tenons à jeter un coup d'œil sur les résultats des groupes contrôles pour étudier, dans une étude quantitative, les effets possibles de la maturation, ce qui nous permettrait peut-être de revoir nos conclusions partielles précédentes.

Le même post-test étant repris un mois après avec chacun des groupes contrôle, voyons si les fréquences des conduites s'accumulent de la même façon.

TABLEAU 6

Classes	I	II	III	N
2e	4	17	7	28
4e	3	6	15	24
6e	20	1	—	21
7e	2	14	12	28
				—
				101

La lecture de ce tableau nous permet de tirer les conclusions suivantes :

— une nette augmentation des conduites d'échec des enfants, même chez ceux du stade pré-opératoire ou opératoire concret ;

— la maturation des structures n'est pas suffisante, à elle seule ; ceci est d'autant plus vrai que la différence est plus grande entre les réactions des sujets face à une notion toute nouvelle (2e et 6e années scolaires) et celles des enfants en face d'une notion relevant de ce qu'ils avaient déjà appris jusqu'à présent.

Ceci signifie que si les structures cognitives se développent selon un ordre constant et intégratif de construction, l'apprentissage (pas n'importe lequel !) peut quand même accélérer qualitativement l'apparition de ces structures.

Que pouvons-nous en conclure ?

— S'il y a un pourcentage d'acquisition (type II) relativement satisfaisant dans toutes les classes — à l'exception de la 6e —, il n'en est pas de même pour la compréhension de l'acquis. Le fait que les enfants ne peuvent (ou du moins presque pas) utiliser ce qu'ils viennent d'acquérir par un apprentissage rapide, en se fiant au seul facteur de maturation, renforce nos affirmations précédentes (basées d'ailleurs sur la psychologie génétique) selon lesquelles, la maturation est une condition nécessaire mais non suffisante (par elle-même) pour assurer l'évolution.

— De plus, l'échec total des sujets de la 6e année et les faibles résultats de la classe de 2e nous permettent de préciser encore mieux notre pensée en disant que l'apprentissage est un facteur — au moins aussi important que la maturation — nécessaire, mais également insuffisant pour garantir à lui seul le développement (étant donné que les sujets de 4e et 7e années s'en sont plus ou moins bien tirés sans apprentissage véritable) : l'équilibration a incomplètement agi.

Pour ce qui est de la valeur de ces résultats nous sommes bien sceptique. Car il est très probable que les enfants aient « appris » incidemment — soit la notion même, soit une notion apparentée — durant le mois d'intervalle. Une autre alternative qui n'est pas à rejeter non plus, c'est qu'ils se soient exercés là-dessus par eux-mêmes, de leur propre chef, ou que leurs amis des classes voisines les aient initiés au cours de leurs discussions Toujours est-il que la vérification du rôle de cette variable — avec les nouvelles dimensions qu'elle véhicule —

n'entrant pas dans les objectifs directs du présent travail, nous nous sommes contentée de constater les résultats des protocoles compilés. Nous sommes bien étonnée des résultats récoltés, car notre consigne — aussi bien pour les maîtres des classes concernés que pour leurs élèves — était bien stricte et claire : continuer leur programme régulier ; ne pas « enseigner » les unités de matières que nous expérimentons... afin qu'il n'y ait pas d'interférence de variables et que nous puissions « mesurer » les réactions aux méthodes mêmes, selon l'âge des sujets.

C — Analyse qualitative

La première question sur laquelle nous nous penchons pour introduire notre analyse qualitative est de savoir si ce sont les mêmes difficultés et problèmes rencontrés aux post-tests, que nous retrouverons avec les item de l'apprentissage (surtout au niveau des exercices d'application, seule partie commune entre les quatre groupes). Autrement dit, l'objectif primordial de cette partie est d'établir une certaine corrélation entre l'apprentissage et la compréhension, en vérifiant s'il y a conflit ou superposition des résultats. Aussi allons-nous procéder à l'analyse qualitative en comparant tout d'abord les types de conduites des enfants du même niveau scolaire, mais ayant subi une méthode expérimentale différente ; en rapprochant ces résultats de ceux des deux post-tests, nous pouvons savoir par la suite si l'apprentissage a joué effectivement son rôle ; ce qui nous amène à envisager alors les types d'erreurs relevées dans les post-tests, selon les diverses méthodes.

Le dépouillement de protocoles ramassés en cours d'apprentissage — surtout ceux des exercices d'application — (parce que certains sujets jettent leurs feuilles en cours de route ou ne s'en servent pas... ou pour autres raisons) nous permet de distinguer trois types de réactions ou plutôt trois attitudes différentes des enfants face aux mêmes situations expérimentales. Ces réactions nous aident à situer l'enfant aux prises avec une notion nouvelle. Ce n'est pas le pré-test qui va nous fixer là-dessus : il nous révèle tout simplement si le sujet connaît déjà cette notion, ou s'il a pu l'approcher par un apprentissage rapide, s'il a pu se familiariser avec elle, le long des exercices répétant la même problématique (ceci se vérifie effectivement par les groupes contrôles). Mais en général, les sujets choisis et gardés ne connaissent pas la notion ; pourtant leurs réactions diffèrent face aux exercices. En effet, l'enfant réagit plus manifestement au cours de l'apprentissage, dévoilant par là le niveau de développement de ses structures cognitives. Ainsi par exemple, un enfant bloqué au premier item (pourtant simple en apparence), arrive à résoudre plus aisément le deuxième (ou inversement). Ceci prouve que face à des situations expérimentales identiques les sujets réagissent différemment.

Il est intéressant de noter que cet apprentissage (et ses exercices d'application) fait appel aux variations suivantes :

— exercices portant sur l'opération directe (et parfois inverse) mais d'une simplicité telle que des constatations perceptives suffisent à les résoudre ;

— exercices similaires (donc portant aussi bien sur l'opération directe que sur l'inverse) mais utilisant des nombres plus grands ;

— exercices identiques aux précédents mais se présentant dans des situations plus compliquées ;

— exercices recourant à la nouvelle notion, mais appliqués à la vie pratique.

I — *Types de conduite durant l'apprentissage* :

Type I — *Incompréhension totale* : l'enfant est perdu, face à la nouvelle notion et ne réagit guère mieux en cours d'apprentissage. Le fait est alors que la méthode d'enseignement est insatisfaisante en soi et défavorise l'équilibration adaptatrice. (Compte tenu d'une timidité naturelle.)

Type II — *Compréhension immédiate mais partielle* : l'enfant saisit presque intuitivement la problématique simple, telle que présentée dans l'opération directe ; il s'en tire plus ou moins bien avec les grands nombres, mais n'arrive pas à résoudre l'opération inverse, ni à interpréter les problèmes concrets. Il coordonne ce qu'il constate perceptivement ; mais la coordination d'actions n'est pas intériorisée ni intégrée au schématisme présent.

Type III — *Compréhension et adaptation* : l'enfant s'accommode à ce qu'il a assimilé, après avoir surmonté les conflits et difficultés. Il ne réussit pas totalement, dans ce sens que les embûches, présentées dans les situations compliquées ou reliées à la vie pratique, créent des conflits qu'il finit par résoudre sans comprendre tout à fait. Ou bien il finit par s'adapter à toutes sortes de situations faisant appel à la nouvelle notion, abstraitement présentée ou reliée à la vie de tous les jours, que ce soit en opération directe ou inverse. Les structures du sujet se sont enrichies de la nouvelle notion que l'enfant a fini par comprendre.

Si le sujet du type II tâtonne et expérimente empiriquement pour trouver la meilleure solution à adopter, les hésitations de celui du type III sont moins longues et sa recherche de la solution est plus systématique car elle est devenue bien compensatoire et de plus en plus équilibrée. Il s'ensuit que si l'apprentissage rapide (commencé déjà au niveau du pré-test et se poursuivant le long des diverses méthodes) aboutit à une connaissance im-.

médiate, celle-ci est mal structurée : faute de coordination, la nouvelle connaissance acquise n'est pas suffisamment mobile pour favoriser une généralisation de manière assez rapide. De plus, au cas où cette généralisation réussit mais où l'opération inverse ne se coordonne pas à la directe, cela signifie que la nouvelle notion ne s'est pas encore totalement intégrée à la structure d'ensemble pour jouir de sa mobilité. Ce qui nous amène à dire que la mobilité de la connaissance ne relève pas des simples répétitions et renforcements ; ceux-ci sont nécessaires mais non suffisants pour donner à l'apprentissage sa valeur d'acquisition « comprise » et de modification durable de la conduite, intégrée dans les mécanismes en fonction et les enrichissant)cf. tableau comparatif des conduites durant l'apprentissage).

Toutefois, si tout au long de l'apprentissage nous sommes portée à croire que les méthodes intuitives et de dressage sont aussi bonnes (voire même meilleures puisqu'elles économisent le temps) que la méthode opératoire et que les sujets soumis à l'automatisation précoce acquièrent la notion nouvelle et sont capables de généralisation, ces généralisations ne sont que partielles et hésitantes (comme le montrent les résultats des post-tests). De plus, et en nous référant aux situations de transfert, nous pouvons constater qu'en général, les connaissances acquises n'ont pas été transposées aux situations différentes faisant intervenir le même genre d'opérations. La différence est nette entre les groupes soumis à un apprentissage non-équilibrant et le groupe soumis à l'apprentissage équilibrant, ce qui nous révèle encore une fois que la notion acquise par les premiers est mal structurée (c'est une quasi-notion comme dirait Piaget) faute d'activité propre, donc par suite de fixation par répétitions ou de centration sur les intuitions articulées.

TABLEAU 7

RÉPARTITION DES CONDUITES DURANT L'APPRENTISSAGE ET DES ERREURS AUX POST-TEST
(selon les fréquences des résultats)

MÉTHODES	Classes	CONDUITE APPRENTISSAGE			ITEMS POST-TEST I						ITEMS POST-TEST II						N
		I	II	III	en G_1 1	en G_1 3	en T_1 1	en T_1 2	Déf. 1	Déf. 2	en G_2 1	en G_2 3	en T_2 1	en T_2 2	Déf. 1	Déf. 2	
D	1e	2	11	9	12	3	21	17	15	22	13	2	20	18	15	15	22
	4e	—	—	24	18	17	14	18	3	20	7	11	17	17	3	16	24
	6e	2	20	8	19	27	29	24	10	23	17	24	26	23	2	24	30
	7e	3	11	10	9	1	13	16	2	18	12	—	14	18	4	12	23
C	2e	1	12	15	11	—	21	3	13	16	12	1	17	5	13	15	26
	4e	1	10	15	19	22	10	12	9	18	6	20	14	18	5	19	25
	6e	8	12	5	21	20	23	19	5	15	17	21	22	18	6	17	23
	7e	8	10	8	15	8	15	15	26	26	6	7	12	12	6	9	26
E	2e	1	8	15	9	8	14	4	10	10	7	4	16	4	10	11	21
	4e	—	7	20	9	13	11	8	9	11	13	19	15	13	5	15	27
	6e	6	16	4	18	24	23	20	2	15	15	23	21	17	1	20	24
	7e	2	8	12	14	4	14	16	2	6	11	8	9	14	4	7	20
O	1e	—	6	13	11	5	7	4	13	7	12	5	7	6	14	9	17
	4e	—	10	16	7	5	1	7	5	11	5	7	10	5	9	5	26
	6e	7	11	7	7	4	13	11	6	10	4	4	12	12	3	7	24
	7e	4	9	13	10	3	8	11	8	10	12	6	12	8	7	12	25

$38,3 = N_2$

II — *Corrélation apprentissage-compréhension* : En somme, nous pouvons dire que durant l'apprentissage les sujets acquièrent effectivement la nouvelle notion, quelle que soit la méthode d'enseignement adoptée et l'âge des enfants. La question que nous nous posons dès lors est la suivante : cette connaissance est-elle tributaire d'une simple performance ou d'une compréhension immédiate, mais de courte durée ? ou bien est-ce une acquisition durable ? Pour ce, voyons comment se répartissent les pourcentages de réussite aux exercices d'application et aux deux post-tests (cf. tableau 8).

TABLEAU 8

**RÉPARTITION DES FRÉQUENCES DES RÉUSSITES
À L'APPRENTISSAGE (APP) ET AUX
POST-TESTS (R_1 et R_2)**

	APP	R_1	R_2	N
D	45	31	37	99
C	35	32	46	101
E	32	26	37	71
O	53	44	54	113

Que nous révèle ce tableau ?

— Tout d'abord il n'y a pas de conflit entre les résultats des exercices d'application de l'apprentissage et ceux des deux post-tests (au niveau de chaque méthode d'enseignement) les % de succès voisinent.

— Alors que 75% « apprennent » bien au cours des séances d'apprentissage, moins de la moitié réussissent aux exercices d'application et aux item variés.

— Grand pourentage d'échec des groupes non opératoires aux item du post-test au niveau formel ; mais le succès au niveau pré-opératoire compense un peu le résultat global.

— Importance de l'apprentissage opératoire (aussi bien au stade des opérations concrètes que formelles) surtout en cas de notion toute nouvelle à acquérir.

— Progrès dans les résultats du post-test un mois après, et ce avec toutes les méthodes. Ce qui montre une fois de plus que ce n'est pas la configuration perceptive ni les constats répétés qui fixent la notion dans le souvenir, mais l'activité du schématisme lui-même. Voilà pourquoi nous constatons, sur ce plan, une compensation due au progrès de la notion dans le souvenir. Néanmoins ce progrès est plus frappant chez les enfants des groupes opératoires que chez les autres.

Nous pouvons ainsi conclure qu'il y a une superposition des résultats du premier post-test et de ceux de l'apprentissage (confirmée par les résultats du deuxième post-test). Autrement dit la relation est très étroite entre les modalités de l'apprentissage et la compréhension. Calculons le coefficient de contingence selon la formule $C = \sqrt{\dfrac{X^2}{N + X^2}}$ à partir des X^2 relevés. Nous obtenons respectivement : .28 ; .41 ; .26 ; .46 ; .30 ; .33 ; .10 ; .14. *Il existe donc des corrélations positives entre nos variables* (apprentissage - compréhension). Ce coefficient est plus élevé lorsque la méthode est mise en rapport avec l'âge. Si l'automatisation précoce favorise la compréhension au niveau des structures pré-opératoires ou dans des situations largement tributaires de pré-requis, elle la perturbe au niveau des structures formelles ou dans des situations toutes nouvelles, entravant par là tout progrès

dans la connaissance. En somme, l'automatisation précoce est sans doute valable pour acquérir une connaissance relevant de l'expérience physique uniquement ;
elle ne l'est guère pour des connaissances relevant d'une
expérience logico-mathématique (-à moins de réduire
cette dernière au premier type d'expérience).

En conséquence, l'étude comparative que nous venons
d'effectuer nous permet de constater tout d'abord :

— qu'il y a un lien étroit entre les séances d'apprentissage et la validité de l'acquisition ou la nature
  et le degré de la compréhension ;
— que ce lien de cause à effet modèle non seulement la notion à acquérir, mais les mécanismes
  d'acquisition eux-mêmes ;
— que du lien nécessaire entre l'apprentissage et la
  compréhension relève le fonctionnement même
  des structures cognitives et leur développement.

Nous pouvons affirmer dès lors :

— que l'automatisation précoce est plutôt positive
  au niveau pré-opératoire, dans ce sens qu'elle
  favorise l'évolution même de la connaissance
  acquise au sein du souvenir (celui-ci étant moins
  centré sur une rétention pure que sur la rétention
  tributaire du schématisme individuel) ;
— que l'automatisation précoce est d'un effet surtout nul au niveau pré-opératoire et des opérations concrètes, lorsqu'elle intervient par l'intermédiaire d'un matériel concret ; mais cet effet
  prend une tendance négative au niveau formel
  (les manipulations concrètes entraînant des fixations perceptives et centrant l'attention sur les
  configurations mêmes plutôt que sur les transformations, sur les résultats plutôt que sur les opérations elles-mêmes). Toutefois, l'effet des automatismes précocement acquis est annulé, à ce

niveau, par l'action des habitudes acquises jusqu'à ce jour ;

— que l'automatisation précoce (sous toutes ses formes) est d'un effet nettement négatif, quand il s'agit d'introduire une nouvelle notion ne nécessitant aucun pré-requis et ce, aussi bien au niveau des opérations concrètes que formelles.

Ces conclusions partielles et relatives, nous pouvons également les vérifier, et d'une façon plus détaillée, en étudiant les différentes erreurs faites par les élèves à la suite des divers apprentissages poursuivis.

III — *Etude des types d'erreurs* : Nous n'allons pas nous risquer dans l'analyse détaillée des erreurs des sujets commises en solutionnant les post-tests, mais nous allons en relever les plus typiques, selon les méthodes et l'âge des élèves (cf. tableau 7).

— **Erreurs au niveau des définitions**

Rappelons en premier que cette définition, nous avons reconstituée de deux manières : par choix entre trois définitions que nous soumettons oralement aux sujets et par un énoncé formulé par les sujets eux-mêmes. D'autre part, les enfants ont eu à maintes reprises, l'occasion de formuler la règle ou de définir la notion en cours d'apprentissage, soit lors des corrections d'exercices, soit par suite d'erreurs dans les explications. De précise qu'elle semblait, la formulation s'est avérée bien vague dans la plupart des cas, lors du post-test et ce, à tous les niveaux scolaires. Néanmoins, lors du dépouillement des protocoles, nous avons pu recueillir toute une variété d'énoncés allant des nombreuses formulations incohérentes aux rares définitions proprement abstraites et de construction opératoire. Nous n'avons pas réussi à classer ces réponses en catégories bien hiérarchisées et niveaux bien distincts, faute de critères discriminateurs :

l'ambivalence de l'énoncé pouvait aussi bien être une erreur de grammaire ou de langage qu'un défaut de structure cognitive. Toujours est-il que nous relevons le plus grand pourcentage d'échecs dans l'énoncé des définitions avec les groupes Cuisenaire et de dressage. Ce qui n'exclut pas, au sein de ces groupes, un bon choix parmi les trois définitions. Ceci s'explique encore une fois, par le fait que les sujets n'ont pas eu le temps de « digérer » ce qu'ils venaient d'apprendre et d'assimiler ce à quoi ils ont été conditionnés. Souvent indistinctes mais parfois partielles, ces définitions se présentent généralement sous forme d'énoncés empiriques, de phrases simplifiées, ou de formules tout simplement appuyées sur un exemple. Ainsi nous pouvons trouver à tous les niveaux des énoncés comme suit : « Pour connaître le nombre de parties, je compte les réglettes vertes » (2e année) ou « —1 » (sans doute le nombre de coupes est égal au nombre de parties —1) ou « $P4 = 4 \times 3 \times 2 \times 1$ » (définition de la permutation) ; ou « $2 \times 9 = 6 \times 3$ » (définition des proportions). etc.

Par contre, le nombre d'erreurs pour ce qui est du choix entre les définitions, est moins élevé ; d'ailleurs les sujets choisissent généralement la définition qui se rapproche de l'exacte, toute en étant incomplète (et ce à tous les niveaux, mais surtout parmi les enfants des groupes Cuisenaire et de dressage). Nous nous référons au choix pour donner plus de chances à ces sujets, mais nous remarquons qu'ils n'en profitent pas beaucoup : ceci s'explique par le fait que pour bien faire le choix il faut avoir compris et assimilé ce qui a été retenu. Nous avons donc, encore une fois, la preuve que l'automatisation précoce n'aboutit qu'à un insight : la compréhension immédiate étant plutôt précaire et la notion acquise bien aléatoire, les sujets se contentent d'à-peu-près ; alors qu'une notion assimilée et comprise est structurée de façon plus complète devenant, par le fait-même, plus mobile.

— Erreurs au niveau des généralisations

Dans cette analyse, nous nous limitons à approfondir le cas des questions causes d'erreurs fréquentes parmi les groupes, en essayant d'y donner une explication valable.

— C'est ainsi par exemple que les enfants de 1re et 2e année ont surtout échoué au premier item à savoir : la reconstitution des figures. Or pour résoudre ce problème (qui fait surtout appel à l'opération inverse) il faut avoir assimilé l'opération en tant que telle au préalable. Nous savons qu'une notion est une construction opératoire, mobile dans ses articulations ; nous savons également qu'une opération fait toujours partie intégrante d'une structure d'ensemble (groupement ou groupe) ; nous pouvons en conclure que lorsqu'un sujet acquiert une notion à partir d'une opération donnée, il est capable de la retrouver par l'opération inverse. S'il y échoue, cela signifie qu'il n'a pas vraiment acquis la notion, celle-ci n'était qu'une quasi-notion (imparfaitement structurée). Dès lors, nous ne sommes plus étonnée de voir cette erreur se retrouver avec bon nombre de sujets du groupe dressage ou Cuisenaire : l'automatisation précoce — due à un conditionnement pur ou intuitif — favorise l'acquisition d'une performance donnée qui fait défaut aux moindres variations, ne serait ce qu'en augmentant le nombre. Est-ce que pareil cas se retrouve dans d'autres groupes ?

— Les enfants de 4e année butent généralement contre la première et la troisième question, à savoir la multiplication logique qualitative et la multiplication de trois nombres dont l'un est le chiffre 1.

157

Or la multiplication de deux nombres négatifs donne un produit positif, de même que la multiplication de deux nombres positifs. Si les enfants ne réussissent pas ces questions, c'est parce que la compréhension immédiate dont ils ont fait preuve en cours d'apprentissage n'était que momentanée, et la généralisation dont ils ont été capables n'était que partielle.

— La situation est plus frappante en 6e année où les enfants trouvent de la difficulté face aux items 1 et 3 du post-test. Dans ces deux problèmes de généralisation la première difficulté relève du fait de l'alternance (toujours des couples : homme-femme) et la deuxième du fait du cycle dont il faut tenir compte (puisque rien ne permet de distinguer les places). La situation est un peu plus difficile que celle à laquelle ils se sont habitué et leur manque d'adaptation dénote clairement un manque de compréhension. Autrement dit, les réussites préalables sont plutôt fortuites et les acquisitions en cours d'apprentissage ne sont que provisoires.

Il est intéressant de noter à ce niveau que les « performances » des sujets du groupe Cuisenaire sont identiques à celles des groupes de dressage et explicatifs ; ce qui nous amène à conclure que si la méthode intuitive (même basée sur des manipulations concrètes) est plutôt favorable dans l'acquisition de la connaissance aux stades pré-opératoire et opératoire concret, elle est d'un effet négatif au niveau formel, tout comme le conditionnement verbal ou « drill ».

On peut nous contester cette conclusion en s'appuyant sur les résultats des enfants de 7e année qui, relativement parlant, sont meilleurs avec les groupes non-équilibrants. Rappelons que l'opération directe (à laquelle se sont « habitués » les sujets en cours d'apprentissage) n'est pas purement numérique, dans ce sens qu'elle fait appel à un cas pratique (difficulté pour mettre les nombres en relation et établir les rapports équivalents). Par ailleurs, la troisième question, tout en posant la même problématique, réclame l'utilisation de l'opération inverse. Les sujets n'y ont pas réussi généralement, la rigidité de la notion acquise étant un handicap pour la réversibilité : les performances qu'ils ont acquises ont sans doute favorisé la formation d'une quasi-notion.

c — Erreurs au niveau du transfert

Pour vérifier comment les notions acquises ont été utilisées par les sujets pour résoudre des problèmes légèrement différents de ceux qui ont favorisé leur acquisition, nous analysons les erreurs rencontrées avec les item du transfert. La question que nous nous posons se rapporte donc à la qualité et à la modalité selon lesquelles les connaissances ont été transposées à des situations différentes faisant appel à des notions génétiquement solidaires. Que remarquons-nous à travers les groupes ?

— Les enfants de 6-8 ans butent généralement contre la première question. N'ayant pas totalement saisi la relation entre le nombre de coupes et le nombre de parties, ils ne voient pas qu'en dehors de la première coupe chaque autre est en même temps reliée à la partie qui la précède et à celle qui la suit. Voilà pourquoi ils ne se situent pas dans le système de relations familiales, comme étant simultanément le frère (ou la sœur) et le fils (ou la fille). L'absence de simultanéité est liée à un défaut d'intériorisation et de coordination, donc dépend essentiellement de l'incapacité de décentration. Fixés sur des états successifs enfants n'arrivent pas à restructurer intérie ment la situation. Les enfants de 1re année du groupe opératoire arrivent à surmonter leur égocentrisme ; que dire de ceux de 2e (plus vieux d'un an), si ce n'est que leur acquisition en cours d'apprentissage n'est que provisoire ? C'est ce qui explique l'échec majoritaire des sujets des groupes de dressage et Cuisenaire ; faute de mobilité de l'acquis, ils ne savent pas s'en servir.

— Les sujets de 9-10 ans se trouvent surtout en difficulté avec le deuxième item. Le premier est une multiplication de plusieurs nombres relatifs dont trois sont formés avec les chiffres 1: rien qu'à ce niveau déjà, nous constatons un grand pourcentage d'échec. Que serait-ce alors si les nombres utilisés étaient plus grands que 1 ? Ainsi, même au niveau des opérations concrètes, lorsque la notion acquise l'est de façon précaire (le sujet ne la comprenant pas), il est très difficile de l'utiliser adéquatement. Pourtant les sujets des groupes « automatisants » ont été conditionnés à ce genre de travail, chose dont n'ont pas bénéficié ceux du groupe opératoire ; ils réussissent à multiplier plusieurs chiffres. Comment expliquer ce résultat ? En rappelant tout simplement que lorsqu'un apprentissage entraîne une modification durable de la conduite, cela implique une restructuration du schématisme même, compte tenu de l'acquis ; ce qui signifie que la notion nouvellement acquise peut servir de tremplin pour de nouvelles acquisitions apparentées. Comme nous ne trouvons pas ceci dans les résultats des apprentissages nonéquilibrants, nous pouvons conclure dans ce cas que la modification de la conduite n'est que momentanée car le conditionnement a favorisé l'acquisition d'un type stéréotypé de réponse ; et il faut un autre conditionnement pour avoir une autre réponse, même tributaire de la précédente. Les sujets se sont centrés sur les réponses elles-mêmes et en particulier, plutôt que sur les mécanismes qui favorisent l'entrée en matière d'un type donné de réponse : dans ce cas, tout comme précédemment, les échecs relèvent d'un manque de décentration, lui-même tributaire d'un acquis automatisé, non compris, à l'origine de performances plutôt que de transformations durables.

— Les erreurs des enfants de 11-12 ans se répartissent, en grand nombre, entre les trois item du transfert ; toutefois c'est au niveau de la première question que se pose le problème. En effet, la problématique du transfert, en 6e année, porte sur les combinaisons. Et s'il y a un peu moins d'échecs aux deux derniers item, il est très possible qu'un apprentissage rapide ait eu lieu, (tout comme au pré-test). Mais pour réussir cet apprentissage rapide, il faut que les sujets comprennent la signification du problème. Or, s'ils ont compris le sens de la permutation, ils peuvent en déduire (à la lecture des questions sur les combinaisons) que celle-là est le cas limite de celles-ci. C'est une attitude dont ils se montrent incapables (à l'exception du groupe opératoire). Ce qui montre encore une fois, que si la notion a été retenue, elle n'est pas pour autant assimilée et que dans les quasi-réussites préalables, il y a plus d'accommodation que d'assimilation ; ce qui empêche l'adaptation équilibrée.

— Nous décelons le même problème avec les sujets de 12-13 ans ; le transfert consiste ici à utiliser la notion de rapports équivalents pour résoudre des questions de vitesse et de temps. Bien que les sujets y ont été légèrement entraînés en cours d'apprentissage, nous constatons la même rigidité de raisonnement et le même défaut de concentration sur des rapports statiques : le schème opératoire de proportionnalité, dynamique de par sa nature, favorise l'acquisition d'une notion dont la souplesse et la plasticité sont causes de nouvelles adaptations.

d — Erreurs au niveau du post-test un mois après

La situation est similaire avec les conduites des sujets près de 35 jours après le premier post-test. La seule différence que nous pouvons déceler (et qui se retrouve dans les trois parties du post-test) est une légère diminution des taux d'échecs. Nous retrouvons, encore une fois, nos conclusions de l'analyse quantitative, à savoir que — en principe et en fait — une notion acquise à un moment donné est tributaire du schématisme actuel, plus que de la configuration perceptive elle-même. Voilà pourquoi, même en cas d'automatisation précoce, nous constatons, sans trop nous étonner, une très légère amélioration des conduites. Ce qui nous permet de conclure qu'*un automasisme précocement acquis entrave l'éventuelle évolution d'une connaissance au sein du souvenir*. En conséquence, non seulement l'intelligence mais aussi et surtout la mémoire sont handicapées, dans leur fonctionnement, par l'interférence des mécanismes de l'automatisation précoce. Ce qui renforce encore plus notre hypothèse de départ et nous permet de passer aux conclusions finales sans plus tarder.

Conclusion

*Savoir quelque chose, ce n'est pas
posséder, c'est utiliser.*

Roger Cousinet

Essayons de schématiser notre travail pour récapituler ses phases avant de conclure : étude comparative et expérimentation de certaines didactiques mathématiques ; recherche et identification des effets de l'automatisation précoce sur la compréhension ; vérification de l'hypothèse à partir des questions posées en cours de route et compte tenu des situations expérimentales.

Ainsi, nous nous sommes tout d'abord demandé si l'automatisation précoce favorise l'apprentissage scolaire, puis nous nous sommes posé les questions suivantes :

a — Quelle est la nature de l'apprentissage tributaire d'une telle automatisation ?

b — Quel processus d'acquisition en découle-t-il ?

c — Quelle est la valeur de la connaissance alors acquise ?

Que pouvons-nous répondre, à la lumière des résultats expérimentaux ?

L'automatisation précoce entraîne, généralement, un certain apprentissage de l'aspect figuratif du développement cognitif : apprentissage du contenu (non de la forme) des structures mentales, déterminé par les contingences du « hic et nunc » et ne pouvant en dépasser les frontières. Ce qui explique le taux élevé de réussites d'enfants de niveau pré-opératoire et opératoire concret : les sujets se détachent difficilement des configurations perceptives et se centrent plus facilement sur les situations automatisées. Nous pouvons en conclure, en réponse à nos trois questions précitées.

1 — L'apprentissage résultant d'une automatisation précoce n'est qu'un conditionnement qui favorise surtout l'acquisition de performances : il est de nature empirique.

2 — Le processus d'acquisition relève du type d'expériences qui permettent uniquement des abstractions simples à partir d'actions faiblement coordonnées ou d'intuitions plus ou moins articulées.

3 — La connaissance qui en découle est immédiate mais précaire : c'est une quasi-notion, de nature aléatoire et rigide.

Précisons la portée de chacune de ces réponses.

1 — Nous avons déjà énoncé les quatre critères d'apprentissage, à savoir : stabilité de l'acquis, généralisation à des situations similaires mais plus complexes, transposition à des situations différentes mais génétiquement solidaires et conservation.

Que nous a révélé l'expérience ?

— Si les automatismes précocement acquis sont d'un effet positif aux périodes critiques de déséquilibration (6-7 et 8-9 ans) et s'ils favorisent la fixation d'une notion nouvelle, leur influence est néfaste au-delà du niveau des opérations concrètes. Au début du stade concret, les enfants qui ne comprennent pas — faute d'activité exploratrice — s'automatisent, même personnellement : il y a une sorte d'autodressage (que nous retrouvons avec un pourcentage très faible aux niveaux supérieurs) : ce qui nous permet d'affirmer que l'effet des automatismes précocement acquis est positif durant la période de l'enfance mais qu'il régresse avec l'âge.

— Si de tels mécanismes sont d'un effet nul sur l'acquisition, à partir d'un enseignement intuitif ou explicatif (et ce jusqu'au stade formel seulement) cet effet devient négatif dans le souvenir. Le souvenir garde les mécanismes stéréotypés, mais l'activité de ces derniers diminue d'intensité.

— Si la conservation des automatismes est favorisée par l'enseignement intuitif (le souvenir garde mieux la notion acquise intuitivement) au stade des opérations concrètes, elle est cause de situations conflictuelles au niveau formel (le souvenir est perturbé puisque la « reconstruction » intérieure n'est pas faite à l'origine) : en grandissant, les enfants deviennent plus réfractaires au conditionnement et les fixations intuitives régressent dans le souvenir.

— Si l'automatisation précoce est d'un effet positif sur la fixation de l'acquis aux niveaux pré-opératoire et opératoire concret, cet effet est plutôt négatif dans la généralisation de l'acquis et nettement négatif dans le transfert.

Il s'ensuit que l'apprentissage n'est que partiel. Sa rigidité, tributaire des mécanismes unidirectionnels du conditionnement, ne favorise pas l'épanouissement des schèmes assimilateurs. Ce dressage « forme des gens étroits, bigots, obstinés et fermés à tout ce qui n'est pas leur idéal et leur croyance préconçue ; ou bien des hommes éteints, mécaniques, sans agilité... »[1]

1. DEWEY, J. *L'école et l'enfant*, Editions Delachaux et Niestlé, Neuchâtel 1922, p. 43.

Par ailleurs, cette rigidité des structures nous amène à dissocier catégoriquement l'apprentissage de l'acquisition de performances, et ce aussi bien sur le plan de la structuration que du fonctionnement. Comme nous allons le voir dans notre explication de la deuxième réponse, la loi de prise de conscience n'est pas respectée : dans l'apprentissage opératoire le sujet prend conscience des transformations après avoir pris conscience du résultat (le processus se déroulant de la périphérie au centre), alors que dans le conditionnement, le sujet ne se rend pas compte de ces mécanismes centraux et opérants, puisqu'il est centré sur la réponse elle-même.

2 — Nous avons spécialement choisi pour l'expérimentation, deux types différents de situations : dans le premier cas, l'acquisition de la nouvelle notion est indépendante du pré-requis (cf. 1re, 2e et 6e année) ; dans le deuxième cas elle y est étroitement reliée (cf. 4e et 7e année). Qu'avons-nous obtenu lors de l'expérience ? D'une part une absence quasi totale de justification des réponses dans tous les groupes de dressage ou Cuisenaire ; d'autre part une différence entre les résultats des méthodes non-équilibrantes et ceux de la méthode opératoire beaucoup plus accentuée dans le premier cas que dans le second. Ce qui nous permet de dire que :

— Si l'automatisation précoce favorise l'acquisition de la nouvelle notion ou même sa rétention, elle n'en favorise pas pour autant la compréhension : les mécanismes en jeu arrêtent de fonctionner au-delà de la réponse à la stimulation ; il n'y a pas moyen de faire marche arrière pour en connaître le pourquoi ou le comment.

— Si des mécanismes assimilateurs se transforment ultérieurement en automatismes, ils ne perturbent pas la compréhension. Autrement dit, l'automatisation qui suit l'acquisition est d'un effet nul, voire même positif pour l'évolution de la connaissance. Par contre si ces automatismes sont précocement acquis, l'effet est alors négatif : la connaissance se réduit aussitôt à une succession de conditionnements ; l'adaptation au milieu est par suite difficilement réalisable. Ceci montre qu'en cours d'apprentissage, le sujet a été incapable « d'abstraction réfléchissante » : faute d'intégrer les coordinations simples, étroitement liées aux intuitions stimulatrices. L'expérience de laquelle relève ce genre de connaissance est une expérience physique, non logico-mathématique.

— Si la notion à acquérir ne relève pas directement du pré-acquis, si le terrain est vierge lors de son acquisition, les automatismes qui s'intercalent avant son assimilation entravent encore plus sa fixation. Par ailleurs, si l'automatisation précoce est alors tributaire d'un matériel ou de configurations perceptives, la fixation peut se consolider dans le souvenir, mais faute de décentration, il est difficile de progresser dès lors dans la connaissance.

— Si l'automatisme précocement acquis est moins nocif lorsque la nouvelle notion est tributaire d'habitudes déjà acquises, l'intensité de son influence varie avec l'âge du sujet et la méthodologie adoptée. Ainsi l'effet est relativement plus néfaste au stade formel qu'aux stades représentatif et opératoire concret (fortement dépendants des contingences spatio-temporelles) tout comme il est plus négatif en cas de « drill » qu'avec la méthode intuitive : mais dans les deux cas, les automatismes bloquent le progrès car l'acquis rigidement fixé ne peut être utilisé pour une adaptation à une situation nouvelle.

— D'ailleurs, cette variété de résultats entre les

deux situations, nous la retrouvons déjà au niveau des groupes contrôle dont les résultats confirment ce que nous venons d'avancer. C'est ce qui nous permet de dissocier définitivement la performance de l'apprentissage : d'une part les mécanismes accommodent beaucoup trop (dressage) ou assimilent trop (méthode intuitive) alors que d'autre part, l'assimilation est équilibrée par une accommodation. Autrement dit, en cas de performance, le fonctionnement comprend deux mouvements (impression-expression), alors qu'en cas d'apprentissage il en englobe quatre (impression-assimilation-accommodation-expression).

En somme, lorsqu'il assimile trop ou lorsqu'il accommode sans assimiler, le sujet retient la notion nouvelle sans s'y adapter : il y a fixation, peut-être même conservation dans le souvenir, mais non évolution ou utilisation. Par contre, lorsque les schèmes assimilateurs entrent librement en jeu et sont réajustés par une accommodation adéquate, la notion alors acquise est comprise : elle est retenue, conservée et utilisée en vue de nouvelles adaptations ; elle favorise le progrès. Quelle est la valeur de cette connaissance-performance ? Nous le saurons en détaillant notre réponse à la troisième question du départ.

3. — Compte tenu des niveaux opératoires des enfants de chacune des classes choisies, compte tenu des résultats aux deux niveaux de la pensée (opératoire concret et formel), compte tenu des deux situations distinctes (sans ou avec pré-requis) et compte tenu des méthodes d'apprentissage utilisées, nous constatons un net décalage entre la notion assimilée et comprise et la notion fixée et retenue.

— Ce décalage, nous le constatons déjà au niveau de la méthode dite explicative où les résultats semblent se rapprocher le plus des critères de l'apprentissage : la maïeutique favorise la rétention, même dans une période de crise psycho-biologique ; elle est néanmoins insuffisante au niveau formel. Pour ce qui est de la conservation dans le souvenir, son rôle est plutôt positif, même à un stade avancé (les résultats s'étant améliorés un mois après). Ainsi, l'élaboration active sous-jacente à cette méthode permet une meilleure rétention et révèle un affaiblissement de l'effet de l'automatisation précoce.

— Quant aux résultats de la méthode opératoire, ils vérifient généralement les critères que nous avons adoptés et permettent expérimentalement et globalement — une confirmation radicale de notre hypothèse de travail. La nouvelle notion est acquise grâce à cette approche didactique car les sujets ne se sont pas contentés de la retenir et de la conserver mais ils l'ont étendue à de nouvelles situations et l'ont utilisée pour s'y adapter. De plus, la conservation dans le souvenir est bien plus nette qu'avec les autres méthodes : ce qui nous permet de la distinguer de la quasi-notion mentionnée au début de la conclusion. D'autant plus que l'enrichissement général, la coopération et la détente que nous constatons dans ces groupes opératoires, nous ne les retrouvons pas ailleurs.

— Les enfants des groupes non-équilibrants aboutissent seulement à la quasi-notion. Or celle-ci n'est pas une structure affaiblie, c'est, dirait Gréco, un « simple équivalent fonctionnel de la structure opératoire dont elle différerait toujours radicalement »[2]. Si tel est le cas, la quasi-notion

---

2. GRECO. P. *E.E.G.*, tome VII, Editions des Presses Universitaires de France, Paris 1959, p. 180.

ne peut pas favoriser l'apparition d'une nouvelle structure : le développement des structures cognitives n'est pas assuré et, en conséquence, celui de la connaissance elle-même. D'autant plus que la quasi-notion est une notion incomplète, inachevée ; Gréco la définit comme étant « formée par un processus de structuration identique à celui qui constitue la notion opératoire, mais dont la mobilité et le champ restent limités »[3]. Ce qui nous amène à dire que l'*automatisation précoce*, quelles que soient ses modalités et ses formes — *entrave l'évolution de la connaissance*. Nous pouvons également ajouter que toute didactique à base d'automatisation précoce, quel que soit le niveau de sa clientèle, est néfaste pour le déroulement et le succès de l'apprentissage. *Les automatismes se révèlent utiles lorsque la notion est d'abord comprise* : ils jouent alors le rôle de « trucs » pour résoudre de nouveaux problèmes sans perte de temps inutile.

Ainsi, l'interférence associative du conditionnement est unidirectionnelle, non réversible. *Les mécanismes en jeu dans l'automatisation précoce bloquent la mobilité des structures cognitives.* Les sujets s' « adaptent » au conditionnement même, à son processus plutôt qu'à son contenu. L'activité étant alors toujours extérieure, les mécanismes de structuration n'équilibrent plus et risquent de s'atrophier. Or, selon la théorie piagétienne en général et les explications de Gréco en particulier, dans l'acquisition de la connaissance la part du sujet est « surtout de fabriquer les nouveaux schèmes de connaissance... On n'est pas très avancé si l'on se borne à proclamer qu'il y a interaction évidente entre le sujet et l'objet, on l'est un peu plus, si l'on donne à l'objet le rôle de

---

3. *Idem*, p. 176.

éconcerter les intuitions figurales immédiates, de re-
mettre en question les schèmes antérieurs, et au sujet
celui de produire de nouvelles structurations... » [4] C'est
la raison pour laquelle l'utilisation de l'acquis est insatisfaisante en cas d'automatisation précoce. C'est également
la raison pour laquelle les méthodes intuitive ou programmée, tout en se basant sur une certaine activité propre au
sujet, restent des processus insuffisants d'apprentissage.
Et tant que leurs principes psychologiques de base ne
seront pas enrichis, ils n'aboutiront qu'à un apprentissage empirique réduisant par là les expériences au seul
type d'expériences physiques. Nous resterons alors dans le
domaine des quasi-notions, sans pouvoir jamais atteindre les notions elles-mêmes. Car « le passage à l'opération, c'est-à-dire à la structure d'ensemble, exigerait quelque chose de plus (que les articulations d'intuition)...
Il faut, pour que la structure soit achevée, c'est-à-dire
fermée », quelque chose de plus ou quelque chose d'autre que la répétition d'un exercice portant sur des contenus spécifiques... » [5]

Aussi la filiation génétique continue entre les constats intuitifs et les structures opératoires ne peut être
assurée que par l'activité propre du sujet. Dès lors nous
nous posons la question, à savoir : qui nous dit que l'automatisme utilisé n'a pas été compris avant d'être appliqué ? Nous y trouvons une réponse dans l'attitude des
sujets : leur résistance à devenir opératoires. Un certain
nombre d'élèves, dans les divers groupes, quittent l'automatisme pour « expliquer » ce qu'ils viennent d'enregistrer et qu'ils essaient d'assimiler. Nous pouvons dire,
dans ce cas, que l'automatisme est compris, mais l'automatisation précoce n'a pas joué en tant que telle.

Arrivée à ce niveau de notre réflexion, nous nous rendons compte que notre conclusion n'en est pas une à pro-

---

4. *Idem*, p. 179.
5. *Idem*, p. 181.

prement parler. Il nous semble intéressant de connaître
en éducation, les modes d'emploi et l'utilité de la cyber
nétique, ainsi que ses mécanismes et la portée de so
action. Il nous apparaît important de savoir commen
rendre « froid » en apprentissage tout produit « chaud
de l'automation (les termes « chaud » et « froid » étan
empruntés à Marshall McLuhan dans son étude de l'ac
tion des mass media) [6]. Nous n'avons donc pu que dénon
cer les méfaits du dressage humain à une époque oi
l'esprit d'initiative et de créativité est de rigueur. Il rest
beaucoup à faire dans ce domaine ; et notre contributioi
ne peut prétendre qu'à inciter les éducateurs à revoir e
repenser leurs méthodes d'enseignement en fonction de
données scientifiques et technologiques mises à leur dis
position. L'éducation d'un enfant ou d'un adulte n'es
pas tâche facile ; d'autant plus que « l'intelligence n'ap
préhende avec profit et la mémoire ne conserve fidèle
ment que ce qui répond au besoin psycho-biologique du
moment... » [7].

6. McLUHAN, M. *The understanding media : the extension of*
   man, Chapitre II, Editions Signet, Toronto 1969, p. 36-44.
7. KESSLER, A. *La fonction éducative de l'école*, Editions Universitaires de Fribourg, Bâle 1964, p. 123.

INDEX DES TABLEAUX

BIBLIOGRAPHIE

Cette liste comprend uniquement les ouvrages qui ont été utilisés dans le texte. Ces derniers sont regroupés selon les thèmes auxquels ils ont assuré un certain cadre de référence :

1. Psycho-pédagogie

AEBLI, H., *Didactique psychologique*, Editions Delachaux et Niestlé, Neuchâtel 1951.

BASTIEN, H., *Psychologie de l'apprentissage pédagogique*, Editions des Frères des Ecoles Chrétiennes, Ottawa 1951.

BUYSE, R., *L'expérimentation en pédagogie*, Lamertin 35.

CLAPAREDE, E., *L'Education fonctionnelle*, Editions Delachaux et Niestlé, Neuchâtel 1931.

DRESE, P. O., *La didactique expérimentale de W. A. Lay*, Editions Nauwelaerts, Paris 1956.

HEBB D. O., *Psycho-physiologie du comportement*, Editions des Presses Universitaires de France, Paris 1958.

JANET, P., *Médecine psychologique*, Editions Flammarion, Paris 1968.

LAY, W. A., *Experimental Pedagogik*, Leipzig 1911.

PIAGET, J., *Psychologie et pédagogie*, Editions Denoël, Paris 1969.

THORNDIKE, E. L., *Educational psychology*, tome II, Mason Printing Corporation, Syracuse, New York 1913.

2. Psychologie et apprentissage

BERLYNE, D. E., *Etudes d'épistémologie génétique*, tome XII, Editions des Presses Universitaires de France, Paris 1960.

BRUNER, J. S. (et collaborateurs), *Studies in cognitive growth*, Editions Wiley, New York 1966.

BURTON, W., *The guidance of learning activities*, Appleton Century Crafts Inc., New York 1944.

175

DE MONTPELLIER, A., *Le conditionnement et l apprentissage*, Editions des Presses Universitaires de France, Paris 1958.

DEVAUX, P., *Automates, automatismes et automatisation*, Editions des Presses Universitaires de France, Paris 1967.

DEWEY, J., *L école et l'enfant*, Editions Delachaux et Niestlé, Neuchâtel 1922.

FLAVELL, J. H., *The developmental psychology of Jean Piaget*, Editions Van Nostrand, Princeton, New Jersey 1963.

GOUSTARD, M., *Etudes d'épistémologie génétique*, tome X, Editions des Presses Universitaires de France, Paris 1959.

GRECO, P., *Etudes d'épistémologie génétique*, tome XI, Editions des Presses Universitaires de France, Paris 1960.

—, *Etudes d'épistémologie génétique*, tome XIII, Editions des Presses Universitaires de France, Paris 1962.

—, *Etudes d'épistémologie génétique*, tome XVII, Editions des Presses Universitaires de France, Paris 1963.

—, *Apprentissage et connaissance*, Etudes d'épistémologie génétique, tome VII, Editions des Presses Universitaires de France, Paris 1959.

— (et collaborateurs), *Etudes d'épistémologie génétique*, tome X, Editions des Presses Universitaires de France, Paris 1959.

INHELDER, B. (et collaborateurs), *On cognitive development*, American psychologist, no 21, 1966.

LAURENDEAU, M. et PINARD, A., *Psychologie et épistémologie génétique*, Editions Dunod, Paris 1968.

LE NY, J. F., *Le Conditionnement*, Editions des Presses Universitaires de France, Paris 1966.

MILL. J., *Système de logique déductive et inductive*, tome II, 6e édition, Paris 1866.

MORF, A., *Etudes d'épistomologie génétique*, tome IX, Editions des Presses Universitaires de France, Paris 1959.

—, *Etudes d'épistémologie génétique*, tome XIII, Chapitre III, Editions des Presses Universitaires de France, Paris 1962.

MOWRER, O. H., *Learning theory and the symbolic processus*, Editions Wiley, New York 1960.

PIAGET, J., *Les mécanismes perceptifs*, Partie III, Chapitres VI-VII, Editions des Presses Universitaires de France, Paris 1961.

—, *Le structuralisme*, Editions des Presses Universitaires de France, Paris 1968.

—, *Traité de logique*, Librairie Armand Collins, Paris 1948.

—, *Introduction à l'épistémologie génétique*, Tome I, Editions des Presses Universitaires de France, Paris 1950.

—, *La psychologie de l'enfant*, Collection Q.S.J., Editions des Presses Universitaires de France, Paris 1966.

PIAGET, J. et INHELDER, B., *De la logique de l'enfant à la logique de l'adolescent*, Editions des Presses Universitaires de France, Paris 1955.

PIAGET, J., *La vie et le temps*, Editions La Baconnière, Paris 1962.

— (et collaborateurs), *Etudes d'épistémologie génétique*, tome XII, Edititons des Presses Universitaires de France, Paris 1960.

— (et collaborateurs), *Etudes d'épistémologie génétique*, tome X, Editions des Presses Universitaires de France, Paris 1959.

— (et collaborateurs), *Etudes d'épistémologie génétique*, tome VII, Editions des Presses Universitaires de France, Paris 1959.

— , *La naissance de l'intelligence chez l'enfant*, Editions Delachaux et Niestlé, Neuchâtel 1963.

— , *Les notions de mouvement et de vitesse chez l'enfant*, Editions des Presses Universitaires de France, Paris 1946.

— , *Le langage et la pensée chez l'enfant*, Editions Delachaux et Niestlé, Neuchâtel 1968.

PIAGET, J. et INHELDER, B., *Genèse des structures logiques élémentaires*, Editions Delachaux et Niestlé, Neuchâtel 1967.

PIAGET, J., *Biologie et connaissance*, Editions Gallimard, Paris 1967.

PIAGET, J., INHELDER, B. et SINCLAIR-DE ZWART, H., *Mémoire et intelligence*, Editions des Presses Universitaires de France, Paris 1968.

SMEDSLUND, J. (et collaborateurs), *Etudes d'épistémologie génétique, tome IX*, Editions des Presses Universitaires de France, Paris 1959.

3. Didactique mathématique

B.I.E., *Didactique de l'initiation mathématique à l'école primaire*, Editions du Bureau International de l'Education, Genève 1956.

BOVET, M. et MIRZA, H., *Apprentissage nombre-longueur*, Texte de recherche inédit, Université de Genève, 1965.

CUISENAIRE, G. et GATTEGNO, C., *Initiation à la méthode. Les nombres en couleur*, Editions Delachaux et Niestlé, Neuchâtel 1960

DIENES, Z. P., *La mathématique moderne dans l'enseignement primaire*, Editions O.C.D.L., Paris 1964.

— , *Construction des mathématiques*, Editions des Presses Universitaires de France, Paris 1966.

GATTEGNO, C., *Guide introductif aux nombres en couleur*, Editions Delachaux et Niestlé, Neuchâtel 1961.

— , *Eléments de mathématiques modernes par les nombres en couleur*, Editions Delachaux et Niestlé, Neuchâtel 1960.

—, *Algèbre et géométrie pour les écoles françaises*, Editions Delachaux et Niestlé, Neuchâtel 1963.

—, *Fractions ordinales et décimales*, Editions Delachaux et Niestlé, Neuchâtel 1959.

—, *Pour un enseignement dynamique des mathématiques*, Editions Delachaux et Niestlé, Neuchâtel 1965.

GOUTARD, M., *Les mathématiques et les enfants*, Editions Delachaux et Niestlé, Neuchâtel 1963.

ITO, Y. et HATANO, G., *An experimental education of number conservation*, Japanese psychological research, no 5, 1963.

MIALARET, G. (et collaborateurs), *L'enseignement des mathématiques*, Editions des Presses Universitaires de France, Paris 1966.

MULLER, L., *Recherches sur la compréhension des règles algébriques chez l'enfant*, Editions Delachaux et Niestlé, Neuchâtel 1956.

PIAGET, J. et SZEMINSKA, A., *La genèse du nombre chez l'enfant*, Editions Delachaux et Niestlé, Neuchâtel 1941, Chapitre VI et VII.

PIAGET, J. et INHELDER, B., *Genèse de l idée du hasard chez l'enfant*, Editions des Presses Universitaires de France, Paris 1951, Chapitre VI.

SIEGEL, S., *Nonparametric statistics for the behavioral sciences*, Editions McGraw-Hill, New York 1956.

4. Pédagogie

CAPELLE J., *L'école de demain reste à faire*, Editions des Presses Universitaires de France, Paris 1966.

COUSINET, R., *Pédagogie de l'apprentissage*, Editions des Presses Universitaires de France, Paris 1959.

DOTTRENS, R., *L'enseignement individualisé*, Editions Delachaux et Niestlé, Neuchâtel 1947.

FERRIERE, A., *L'école active*, Editions Delachaux et Niestlé, Neuchâtel 1953.

GESLIN, L., *La classe active*, Editions C.E.C., Montréal 1967.

KESSLER, A., *La fonction éducative de l'école*, Editions Universitaires de Fribourg, Bâle 1964.

MAJAULT, J., *La révolution de l'enseignement*, Editions Robert Laffont, Paris 1967.

MARCUSE, H., *L'homme unidimensionnel*, Editions de Minuit, Paris 1968.

Mc LUHAN, M., *The Understanding media : the extension of man*, Chapitre II, Editions Signet, Toronto 1969.

MIALARET, G., *Nouvelle pédagogie scientifique*, Editions des Presses Universitaires de France, Paris 1954.

MONTESSORI, M., *Pédagogie scientifique*, Editions Desclée de Brouwer, Bruges 1958.

SKINNER, B. F., *La révolution scientifique de l'enseignement*, Editions Dessart, Bruxelles 1968.

— , *The technology of teaching*, Appleton Century Crafts, New York 1968.

TABLE DES MATIERES

Imprimerie des Editions Paulines
250 nord, boul. St-François, Sherbrooke, Québec, Canada

Imprimé au Canada

Printed in Canada

FEUILLET DE CIRCULATION

ÉCHÉANCE

- 6 NOV. 1979		
4 DEC. 1979		
8 FEV 8?		
18 MAR 8? '8?		
1 5 OCT 8? '88		
8 DEC 1990		
2 7 MAR 8? '9?		
1 4 JUIN 8? '95		
1 7 FEV 8? '9?		
Z 27 SEP '00		
Z 24 JAN '01		
16 AOU 8? '02		
1 9 DEC 8? '03		

26-03-329 (12-75)